新 차이나 드림

중국 내수시장 공략을 위한 액션플랜!

新 차이나 드림

김용준 서정희
노은영 이규창 지음

매일경제신문사

일러두기

이 책의 중국 인명·지명·기업명의 외래어 표기는 국립국어원의 중국어 표기법을 따랐습니다.

'황금 섬'

옛날 로마인들은 동쪽 어딘가에 이런 곳이 존재한다고 믿었다. 한참 시간이 흐른 후 로마인들이 기대했던 황금은 아니지만 비단을 앞세운 물품이 교역로를 통해 유입됐다.

그렇다면 현재 한국인들에게 중국은 황금의 도시, 엘도라도일까? 결론부터 얘기하면 '그렇다'고 할 수 있다. 디플레이션을 전 세계에 수출하던 중국 제조업 공장을 의미하는 말은 아니다. '세계의 공장'에서 '세계의 시장'으로 빠르게 변신하는 중국 내수시장이 황금이라는 뜻이다.

베이징, 상하이, 광저우 등이 아닌 중국의 '중형급' 도시 인구만 해도 우리 서울 인구를 훨씬 뛰어넘는다. 또 '바링허우'와 '주링허우'로 대변되는 중국의 새로운 소비계층은 스마트폰 등으로 중무장한 채 중국 온·오프라인 쇼핑가는 물론 한국 내수시장까지 휘젓고 있다.

2015년 11월 11일, 이른바 '광군제'에 알리바바의 인터넷 쇼핑몰

'티몰'의 매출액은 16조 원에 달했다. 이는 미국의 블랙프라이데이 시즌 닷새 동안의 매출액인 12조 6,000억 원을 능가하는 금액이다.

수출 둔화로 고심하는 중국 정부가 내수시장 육성에 정책 초점을 맞춘다는 점도 한국 기업에는 호재를 넘어선 '대박'의 기회이기도 하다.

하지만 무조건 땅만 판다고 황금을 캘 수 없다. 중국을 정확히 꿰뚫어 보고 전략을 치밀하게 세우지 않으면 이국땅에서 시쳇말로 '삽질'만 할 수 있다.

지금까지 한국의 많은 기업은 중국을 하나의 시장으로 보고 호기롭게 뛰어들었다가 자존심에 상처만 입었다. 일부 기업은 재무적으로도 회복하기 힘든 지경에 놓이기도 했다.

먼저 공략할 지역과 대상을 명확히 정하고 적합한 상품을 순차적으로 투입해야 한다. 비용을 절감하면서 리스크를 줄이는 최적의 방법이다. 또한 급속히 팽창하는 온라인 쇼핑 플랫폼을 적극적으로 활용할 필요도 있다. 이미 스마트폰의 보급률에서 미국을 넘어선 중국이기에 모바일 쇼핑은 새로운 '비단길'이다.

판매가 유망한 품목도 점차 다양해졌다. 화장품과 의류가 여전히 강세지만 중국인들의 생활수준이 높아지면서 한국산 스마트 가전, 건강식품, 의료기기도 매력을 어필할 수 있다. '귀한' 자녀를 대상으로 한 한국산 영·유아용품도 중국 30대 고소득 커리어우먼들에게 인기다.

중국 내수시장은 특히 한국의 중견·중소기업에 새로운 성장 기회이기도 하다. 전통적인 제조업 중심의 대기업보다 몸이 가벼운 기업들이 기발한 아이디어로 중국 서비스시장을 공략해야 한다. 똑같은 한류는 이미 중국에서 외면받기 때문이다.

막연하게 바라봤던 중국 시장을 이 책으로 조금이라도 더 또렷하게 볼 수 있기를 바란다.

이 책은 매일경제TV가 개국 4주년을 기념한 포럼에서의 발표 내용을 토대로 엮은 것이다.

끝으로 개국 포럼 준비에 애쓴 유재준 기자, 정영석 기자와 마지막 원고를 꼼꼼히 정리해 준 이나연 기자 등 이 책이 나오기까지 수고해 주신 모든 분들께 감사의 마음을 전한다.

김용준 · 서정희
노은영 · 이규창

Contents

new C H I N A

D R E A M

들어가며

"중국은 '세계의 공장'에서
'세계의 시장'으로 전환하고 있다."

중국 소비시장을 주목하라

중국 내수시장은 더 이상 선택사항이 아니다. 한국의 대중 수출 증가율은 3년 연속 감소 추세이며, 2016년 상반기에는 −14%를 기록했다. 대중 수출 증가율은 2016년 7월까지 역대 최장인 13개월 연속 마이너스를 나타냈다. 이에 따라 수출의 1/4을 중국에 의존하는 한국으로서는 국가적인 위기감이 커지고 있다.

대중 수출로 무역흑자를 유지하던 '차이나 드림'은 이제 과거의 이야기가 됐다. 하지만 전문가들은 수출절벽을 타파하기 위해서는 중국 내수시장을 차별화된 전략으로 공략해야 한다고 말한다.

이는 변화된 중국의 경제 방향과 맞물린다. 새로운 안정 성장의 상태를 뜻하는 신창타이新常態 시대로의 진입을 선언한 시진핑習近平 정부는 과거 9%의 고속 성장에서 6~7%의 중·고속 성장으로 경제 발전 패러다임을 전환했다. 제조업 수출을 중심으로 양적 성장을 추구하던 과거와 달리, 내수 소비시장 진작을 중심으로 질적 성장을 추구하는 소비 주도형 경제로의 전환을 모색하는 것이다. 중국 정부

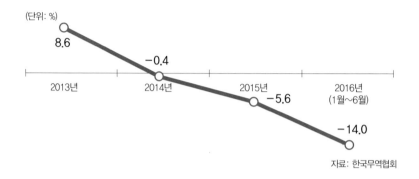

한국의 대중 수출 증가율

(단위: %)

8.6 (2013년)
−0.4 (2014년)
−5.6 (2015년)
−14.0 (2016년 (1월~6월))

자료: 한국무역협회

도 높아지는 제조원가 영향과 심화되는 글로벌 경쟁에 변화를 꾀하는 셈이다.

중국 정부는 한발 더 나아가 2016년 '6대 개선 및 4대 촉진'을 발표하며 내수시장의 소비 진작을 위한 구체적 행동강령을 내세웠다.

6대 개선이란 물류환경 개선, 농촌 소비환경 개선, 주택 구매환경 개선, 여행업 시장 개선, 양로·건강 서비스 개선, 신용환경 개선을 의미한다. 4대 촉진이란 자동차 구매 촉진, 교육문화 소비 촉진, 녹색 소비 촉진, 스포츠 소비 촉진이다.

중국 정부의 강력한 의지를 볼 때 적어도 10개 분야에 대한 수요가 늘어날 전망이다. 이는 한국 중소·중견기업에 기회로 작용할 수 있을 전망이다. 이미 발 빠른 일부 대기업들은 해당 분야에 진출하기 위해 적극적으로 시장 개척에 나서고 있다.

세계 경제 속 중국이 차지하는 비율 (2015년 기준)

GDP 성장률

세계 경제 성장률: 3.3%

GDP

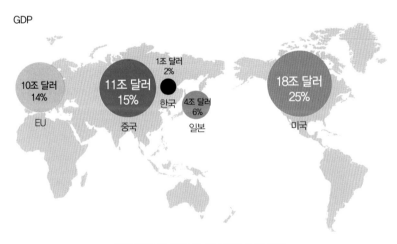

세계 인구: 약 70억 명, 총 GDP: 70조 달러

자료: IMF

중국 정부의 10대 소비 진작 행동

물류환경의 개선
농촌의 소비환경 개선
주택 구매환경 개선
여행업 시장 개선
양로 · 건강 서비스 개선
신용환경의 개선
자동차 구매 촉진
교육문화 소비 촉진
녹색 소비의 촉진
스포츠 소비의 촉진

10대 소비 진작 행동

6대 개선 행동

4대 촉진 행동

최근 중국의 GDP 대비 투자 비중은 감소하고 있지만 소비 비중은 지속적으로 증가하고 있다. 2016년 GDP 대비 소비 비중은 60%를 돌파할 것으로 예상되는 반면, 투자 비중은 30%대로 하락할 것으로 전망된다. 또 2020년까지 향후 5년간 약 2조 3,000억 달러^{한화} 약 2,576조 원의 신규 소비시장이 창출될 것으로 예상된다. 이처럼 중국은 '세계의 공장'에서 '세계의 시장'으로 완벽하게 전환하고 있다. 중국을 더 이상 저임금을 바탕으로 한 굴뚝산업의 생산기지로 볼 수 없다.

중국은 소비시장의 성장뿐만 아니라 서비스시장의 성장 잠재력도 매우 높다. 전 세계 주요 국가들의 GDP 대비 서비스업 비중을 살펴보자. 미국이 80.1%로 가장 높으며, 영국과 이탈리아가 그 뒤를

중국의 GDP 대비 소비 및 투자 비율

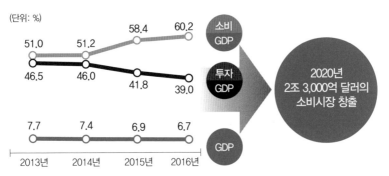

(단위: %)

	2013년	2014년	2015년	2016년
소비/GDP	51.0	51.2	58.4	60.2
투자/GDP	46.5	46.0	41.8	39.0
GDP	7.7	7.4	6.9	6.7

2020년 2조 3,000억 달러의 소비시장 창출

자료: 현대경제연구원 · 알리리서치

잇는다. 주요국 평균인 69%에 미치지 못하는 국가는 독일, 한국, 중국이다. 특히 중국은 그중 최하위인 48.1%를 기록했다. 역설적으로 중국의 서비스업은 가장 성장 가능성이 큰 분야라고 할 수 있다.

결국 앞으로 중국의 내수시장을 선점하는 국가와 기업이 '新 차이나 드림'의 리더가 될 것이라는 전망이다. 그렇다면 대한민국의 현 상황은 어떤가?

중국의 소비시장은 급속하게 성장 중이지만 적어도 현재까지 우리는 그 과실을 놓치고 있으며, 오히려 암담한 상황이다. 한국은 중국 내 수입시장에서 1위지만 소비재 수입은 5%대에 머무른다. 지리적 요인 등을 고려할 때 소비시장을 전혀 공략하지 못한다는 평가가 맞을 정도다. 그렇다면 우리는 어떤 전략으로 '新 차이나 드림'을 실현할 수 있을까?

국내 기업이 중국 내수시장 공략을 위해 넘어야 할 산은 많다. 과거 30여 년간 중국에 진출했던 여러 기업의 사례를 통해 우리는 많

주요 국가의 GDP 대비 서비스업 비중 (2014년 기준)

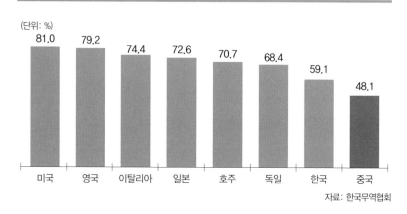

(단위: %)

미국 81.0
영국 79.2
이탈리아 74.4
일본 72.6
호주 70.7
독일 68.4
한국 59.1
중국 48.1

자료: 한국무역협회

중국 내 소매 판매액과 한국의 대중 수출 중 소비재 비중

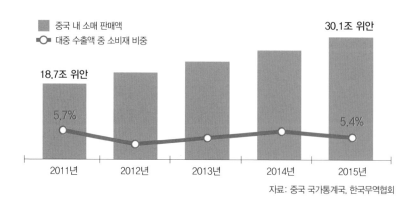

■ 중국 내 소매 판매액
─○─ 대중 수출액 중 소비재 비중

2011년 18.7조 위안 5.7%
2012년
2013년
2014년
2015년 30.1조 위안 5.4%

자료: 중국 국가통계국, 한국무역협회

은 교훈을 얻을 수 있다. 특히 사업의 전개 방식에서 몇 가지 법칙을 도출했다. 중국 시장에 동시다발적으로 진출해 사업을 확장하거나 초기에 진출한 지역 주변으로 사업망을 확대하는 전략은 중국 시장에 적합하지 않다는 것을 깨달았다.

반면, 중국 시장을 세분화하고 지역별 소비자를 공략하기 위해 특성화된 제품을 통해 성장거점을 구축하는 방식의 진출 전략이 효과적이었다. 또한 막연하게 중국의 인구 전체를 소비자로 생각해서는 안 된다는 교훈도 얻었다. 지역의 범위가 넓고 다양한 계층, 문화, 소비성향 등이 존재한다는 점에서 오히려 공략 대상을 좁힐 필요도 있는 것이다. 경영상의 선택과 집중의 묘妙가 필요하다. 막연한 전략만큼 중국 시장에서 위험한 사업 마인드도 없다.

과거 경험을 통해 얻은 교훈을 바탕으로 새롭게 변화하는 중국 내수시장에 대처하기 위한 준비도 필요하다. 중국의 내수시장은 이제 더 이상 오프라인 시장만을 의미하는 것이 아니다. 2016년 중국의 온라인 시장은 한국의 30배가 넘는 900조 원 규모로 성장했으며, 이 가운데 모바일 시장의 확대는 더욱 빠르다. 어마어마한 인구만큼 시장의 확대와 발전 속도가 상상을 초월한다. 이처럼 새로운 시장의 등장과 성장으로 인해 과거에는 없었던 새로운 마케팅 전략도 필요하다.

서비스시장은 어떨까? 인적자원의 중요성이 부각되는 서비스시장은 우리 기업이 중국에 비해 아직 경쟁 우위에 있는 분야이기도 하다. 우리는 이 책을 통해 서비스 산업의 진출 전략으로 과거의 수출과 직접투자뿐만 아니라 합작 그리고 중국발 한상기업의 활용을 제안하고자 한다.

서비스업의 경우 중국은 진입장벽이 높아 우리 기업이 단독으로 진출해서는 성공할 수 없으며, 반드시 중국 로컬 기업과의 합작이 선행돼야 한다.

또 중국 내수시장 공략을 목표로 중국에서 창업한 중국발 한상기업도 중국의 서비스시장 진출을 위한 하나의 대안으로 활용할 수 있을 것이다. 중국발 한상기업은 무엇보다 우리 청년들이 혁신적 아이디어로 중국 시장에서 새로운 기회를 잡는 데 하나의 모델이 될 수 있다.

중국의 내수시장과 서비스시장의 공략은 지난 20여 년간 축적된 한류 파워를 통해 더욱 큰 시너지 효과를 얻을 수 있다. 이러한 한류의 근원은 '한국의 정신'이라 할 수 있는 '홍익인간'과 '선비정신'으로 거슬러 올라간다.

이 책에서 우리는 중국 내수시장을 공략하기 위한 슬로건으로 '한체서중용'을 제시한다. 한마디로 한국의 정신으로 서양의 기술을 활용해 중국 시장을 공략하자는 의미다.

한국 기업과 한국인이 중국 내수시장을 공략할 수 있는 시간은 시진핑 정권하의 앞으로 5년이다. 5년 후에는 중국 정부의 경제 정책이 변화할 것이고, 글로벌 기업들과 중국 로컬 기업들도 가만히 보고만 있지 않을 것이기 때문이다. 성장 단계에서 공략하지 않으면 점점 더 어려워질 것이다.

new **CHINA**
DREAM

1장

덩샤오핑 전략을
활용하라

장제스의 스프레드 전략 | 마오쩌둥의 점·선·면 전략 | 덩샤오핑의 클러스터링 전략

"한국 기업들이 중국 내수시장을 공략하기 위해서는
'덩샤오핑 전략'이 효과적이다."

장제스의 스프레드 전략

1992년 한·중수교 이후 중국 시장에 진출한 한국 기업들의 내수 시장 전략은 크게 세 가지로 구분할 수 있다. 바로 장제스의 스프레드 전략, 마오쩌둥의 점·선·면 전략, 그리고 덩샤오핑의 클러스터링 전략이다. 이 중 실제로 가장 큰 효과를 거둔 것은 덩샤오핑의 클러스터링 전략이었다. 이들 전략의 명칭은 각 시기별 지도자들의 정치 인생과 관련이 있다.

우선 장제스蔣介石의 스프레드 전략에 대해 살펴보자. 중국의 국공내전에서 장제스는 6개 전선인 둥베이, 시베이, 화베이, 네이멍구, 산둥, 화중에 동시다발적인 공격을 펼쳤다. 그러나 이러한 전략은 전체적인 전력상의 우위에도 병력이 분산되는 결과를 초래하면서 전쟁에서 패할 수밖에 없었다.

이와 같은 전략이 바로 장제스의 스프레드 전략이다. 즉, 중국 전역에 동시다발적으로 진출해 사업을 확장하는 방식이다. 장제스의 활동 영역이 중국 전역에 걸쳐 이뤄진 것처럼 중국을 '하나의 국가'로 보고 어느 지역이든 진출하고자 했던 대표 기업이 CJ그룹과 롯데그룹이다.[1] 하지만 이러한 전략은 쓰라린 실패와 교훈으로만 남았다.

CJ는 중국 진출 초기에 숙취해소음료인 '컨디션'으로 진출했지만 중국 시장에 대한 조사 부족으로 실패했다. 푸드 앤 푸드 서비스 Food & Food Service, 엔터테인먼트 앤 미디어 Entertainment & Media, 바이오 테크놀로지 Bio Technology, 뉴 디스트리뷰션 New Distribution 등 CJ의 4대 사업 영역을 놓고 보면 CJ는 진출 초기에 중국을 단일한 시장으로 생각한 것을 알 수 있다.

CJ의 4대 사업 영역 중 푸드 앤 푸드 서비스에는 베이커리 체인 뚜레쥬르, 한식 체인 비비고, 카페 체인 투썸플레이스, 패밀리레스토랑 빕스 등이 있으며, 엔터테인먼트 앤 미디어에는 중국 23개 성·시에 진출한 CJ CGV가 있다. 뉴 디스트리뷰션은 홈쇼핑 부문으로 상하이동방미디어유한공사 SMG와 합작법인인 동방CJ를 설립해 진

---

1 김용준, 《China Marketing》, 박영사, 2016.

장제스 스프레드 전략

장제스 스프레드 전략은 위 그림처럼 중국을 단일시장으로 파악하고
전역에 동시다발적으로 사업을 확장하는 것을 말한다.

출했다.

하지만 최근 CJ는 초기 진출의 실패 요인이 세부적인 시장조사 부족에 있었다는 점을 파악하고, 다양한 사업 영역과 제품을 통해 시장 내 기회가 있는 곳 어디든 진출하는 유통 전략을 사용한다. 최근에는 냉장유통업체를 인수해 중국 전역에 식품 배송을 위한 물류 시설을 구축했다.

롯데그룹도 중국 진출 초기에는 장제스의 스프레드 전략을 구사했다. 1993년 베이징에 사무소를 내고, 첫 TV 광고를 진행한 이후 베이징에서 티베트에 이르기까지 중국 전역에 판매량을 늘렸으며, 2007년에는 유통 체인인 마크로Makro, 2009년에는 타임스Times를 인수하는 등 현지 유통업체를 과감하게 흡수하며 점포 수 확대에 집중했다.

롯데의 행보는 국내외 유통업계는 물론 인수합병M&A 업계의 큰 주목을 끌기도 했다. 그만큼 롯데는 중국 소비시장을 중요하게 여겼고 글로벌 유통업체 등과 경쟁하기 위해 상당한 재무적 출혈을 감내했다.

하지만 현지 유통점 관리 미비, 컨트롤타워 부재 등의 현지화와 국제화 관리의 역량 부족으로 롯데 역시 대표적인 스프레드 전략의 실패사례가 됐다. 일부 지역에서 철수하는 아픔을 겪는 등 아직도 제대로 된 수익을 내지 못하고 있다.

최근 롯데는 초기 전략의 실패를 교훈으로 삼아 대도시보다 상대적으로 발전 가능성이 높은 중소도시를 성장거점으로 삼았다. 그리고 그 틈새시장을 공략하는 전략으로 방향을 전환한 모양새를 보여주고 있다.

마오쩌둥의 점·선·면 전략

두 번째는 마오쩌둥毛澤東의 점·선·면 전략이다. 마오쩌둥이 지도자로서 입지를 굳힐 수 있었던 결정적 사건은 바로 '대장정大長征'이다. 국민당 정부를 피하기 위해 시작된 공산당의 대장정은 장시성江西省에서 시작돼 주변 지역으로 옮겨 가며 11개 성省과 18개 산맥, 17개의 강을 건너는 약 1만 5,000㎞에 달하는 행군이었다. 마오쩌둥은 이처럼 하나의 거점에서 중국 전역으로 확산할 수 있는 힘을 구축했다. 이 전략은 초기에 진출한 지역을 거점으로 해 그 주변으로 사업을 확대하는 전략이다.[2]

대표 사례로는 농심과 이마트가 있다. 농심은 마오쩌둥의 점·선·

---

2 김용준, 《China Marketing》, 박영사, 2016.

농심 연매출 추이

2013년	2014년	2015년	2016년
1.4억 달러	1.8억 달러	2.1억 달러	3억 달러

면 전략을 구사한 대표적 기업이다. 농심은 '가장 한국적인 맛이 가장 세계적인 맛'이라는 기업문화를 토대로 1995년 상하이를 시작으로 중국에 진출했다. 하지만 중국 소비자가 원하는 맛이 아닌 한국인의 맛을 가지고 진출한 탓에 초기에는 많은 어려움을 겪었다.

농심은 초기의 시행착오를 바탕으로 최근에는 해안 지역 중심에서 내륙 지역인 충칭, 시안, 청두, 우한, 창사 등 내륙 외곽으로 점차 판매를 확대하고 있다. 또한 고급 이미지, 고품질·고가 전략, 전략

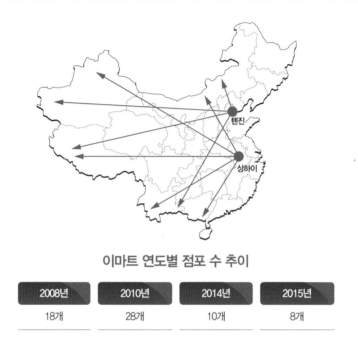

이마트 연도별 점포 수 추이

2008년	2010년	2014년	2015년
18개	28개	10개	8개

제품에 대한 집중적인 마케팅 활동을 전개하며 견고한 성장세를 유지 중이다.

이마트는 초기에 상하이, 톈진天津 등에 점포를 설립한 뒤 주변 지역으로 점포망을 확대하는 마오쩌둥의 점·선·면 전략에서 중국 전역에 동시다발로 점포망을 확대하는 장제스의 스프레드 전략으로 전환하기도 했다. 그러나 2000년대 초반에는 한국 시장 투자에 집중하느라 중국 시장에서 사업을 확대할 시점을 놓쳐 현지화에 실패했다. 이에 따라 2010년 28개에 달하던 중국 내 이마트 점포는 8개로 감소했다. 롯데에 이어 값비싼 대가를 치른 셈이다. 최근에는 중국의 포털사이트인 넷이즈NetEase.com와 합작해 온라인 시장 진출을 모색하고 있다.

또한 중국 내 시장조사를 통해 자사의 실속형 자체 브랜드인 '노브랜드'를 유통업체인 메트로의 중국 매장에 공급하기로 했다. '노브랜드' 상품이 이마트 매장이 아닌 해외 오프라인 매장으로 직접 수출되는 첫 사례다.

덩샤오핑의 클러스터링 전략

세 번째 전략은 우리 기업이 채택해 가장 큰 성공을 거둔 덩샤오핑鄧小平의 클러스터링 전략이다. 이 전략을 사용한 대표 사례로는 아모레퍼시픽과 오리온이 있다.

중국의 개혁·개방을 이끈 덩샤오핑은 '선부론先富論'으로 유명하다. 동부 연안지역에 경제특구를 지정하고 이들 지역의 경제 발전을 독려했다. 덩샤오핑의 정치적 행보는 역사적 상황을 반영해 마치 중국을 'United States of China'라고 생각하게 했다. [3]

덩샤오핑의 클러스터링 전략에서 가장 큰 특징은 중국 시장의 구획을 《삼국지三國志》 조조의 나라였던 창장長江 이북 지역, 손권의 나

---

3 김용준, 《China Marketing》, 박영사, 2016.

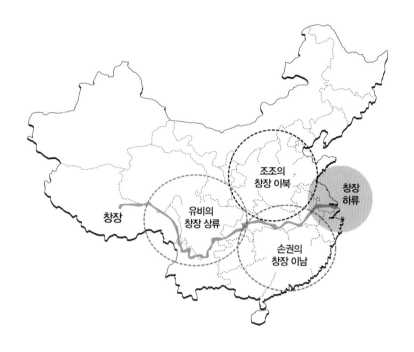

라였던 창장 이남 지역, 유비의 창장 상류 지역 및 상하이를 중심으로 한 창장 하류 지역 등 4개 권역으로 구분한 것이다. 이러한 구분은 기본적으로 4개 권역이 서로 다른 지역성을 가진다는 의미라고 보면 된다.

덩샤오핑의 클러스터링 전략을 중국에 진출하거나 또는 사업을 확대하려는 전략에 적용시키면 각 지역별 특성화 제품을 순차적으로 투입하는 방식을 도출할 수 있다.

아모레퍼시픽은 덩샤오핑 전략으로 중국 진출에 성공한 가장 대표적 기업이다. 아모레퍼시픽은 중국 선양沈陽에 화장품 브랜드인 '마몽드'를 론칭하며 중국에 진출했다. 선양에서 마몽드로 클러스터를 형성한 뒤 2차 진출 지역인 상하이에는 '라네즈'를 론칭한다. 이후에는 '설화수'로 베이징을 공략해 아모레퍼시픽은 선양, 상하이, 베이징 등에 성장거점을 구축해 현지화에 성공했다.

두 번째 대표 사례는 오리온이다. 오리온은 1995년 베이징에 현지법인을 설립해 초코파이로 인지도를 쌓은 뒤 카스타드 파이로 2002년에는 상하이, 2006년에는 포카칩 등 과자류로 베이징 인근 랑팡개발구, 그리고 2010년에는 다시 초코파이로 광저우에 차례로 진출하면서 커버리지를 확대했다. 2013년 기준으로 2,000여 개의 유통채널을 확보 중이며, 2015년 10월에는 중·서부지역 진출을 위한 거점인 신장 베이툰北屯에 공장을 설립해 유통채널을 강화했다.

물론 앞에서 살핀 세 가지 전략은 모두 일장일단이 있어 어느 전략이 최고의 전략이라고 말할 수는 없다. 하지만 중국에 처음 진출하고자 하는 기업이라면 반드시 거점지역을 확보해야 하며, 다른 지역으로의 진출은 그 이후에 진행해도 늦지 않을 것이다.

이 때문에 '고슴도치 전략'이라고 일컬어지는 덩샤오핑의 클러스터링 전략은 중국 시장에 도전하는 중소·중견기업에겐 중국 전역을

헤집고 다니는 '멧돼지 전략'보다 더 적절한 유통 전략이다.[4]

다시 강조하지만, 중국 전체를 대상으로 한꺼번에 사업을 전개하거나 '상품이 좋으면 잘 팔리겠지'라는 식의 막연한 경영 마인드는 실패의 지름길이다. 그렇다면 후발주자인 한국의 중소·중견기업은 어떤 지역을 새로운 성장거점 도시로 공략해야 할까?

---

4 김용준, 《China Marketing》, 박영사, 2016.

new **CHINA**
DREAM

2장

2·3선 도시로
진출하라

"빠르게 성장하는 2·3선 도시가
중국의 블루오션이다."

중국의 성장 유망한 6대 지역

한국의 중소·중견기업이 성장거점으로 공략해야 할 거점지역은 중국의 2·3선 도시다. 베이징, 상하이, 광저우와 같은 중국의 1선 도시는 글로벌 기업들과 중국 로컬 기업 간 경쟁으로 과열된 상태다. 글로벌 기업들조차 로컬 기업에 밀려 철수하는 일이 비일비재하다. 4선 도시 이하는 기업 경영에 반드시 필요한 인프라가 매우 미비하다. 반면, 과거 대도시를 중심으로 형성됐던 소비시장이 중소도시로 확산되면서 2·3선 도시의 소비시장은 빠르게 성장하고 있다.

특히 중국 정부의 권역별 도시개발 정책으로 인해 중국 중·서부 지역의 경제성장률은 동부 연안지역을 추월하고 있다. 풍부한 자원과 소득수준의 향상, 빠른 인프라 구축 등으로 1선 도시 중심이었던 소비가 2·3선 중소도시로 확산되고 있다. 2·3선 도시는 기존 1선 도시의 고소득층보다 소비욕구가 높게 나타나 중요성이 커지고 있다.

세계적인 컨설팅그룹인 BCG보스턴컨설팅그룹에 따르면 2020년까지 중국 전역 고소득층의 수는 두 배로 늘어날 것이며 이 중 2/3가량이 2·3선 도시에 거주하는 소비자일 것으로 전망했다. 한마디로 신흥 부자들이 2·3선 도시를 중심으로 급속히 늘어나는 것이다.

성균관대 중국대학원 연구팀은 성장 유망한 중국의 2·3선 도시를 선정하기 위해 새로운 도시 분류 기준을 제시하고자 한다.[1]

중국 국무원은 2014년 10월 '도시규모 분류기준조정에 관한 통지'이하 '통지'를 통해 기존과는 다른 새로운 도시 분류의 기준을 제시했다. 기존의 분류 기준과 비교해 '통지'는 크게 세 가지 측면에서 다른 기준을 적용한다.

첫째, 기존 4선까지의 도시 분류 기준을 5선 도시로 구분했다. 둘째, 인구 규모의 기준을 상향 조정했으며, 셋째로 호구인구에

중국 국무원 '통지'에 의한 도시 분류 기준

도시등급	상주인구(명)
초대도시	1,000만 이상
특대도시	500만~1,000만
I형 대도시	300만~500만
II형 대도시	100만~300만
중등도시	50만~100만
I형 소도시	25만~50만
II형 소도시	20만 이하

---

1 2·3선 도시의 분류기준은 한국국제경영학회(2015)와 김용준 교수팀의 '중소기업진흥공단 연구프로젝트'에서 발췌해 보완했다.

서 상주인구로 기준을 변경했다.

중국의 대표 시사주간지인 〈제일재경주간第一財經周刊〉이하 〈제일재경〉
은 2013년 300개 지급地極 도시와 100개 현급縣級 도시를 대상으로
조사를 진행해 도시 분류의 기준을 제시했다. 또한 포브스가 발표한
글로벌 500대 기업과 중국의 100대 기업 중에서 285개 기업을 선별
해 중국 내 지점 분포, 전략 중점 지역, 주요 유명 브랜드의 밀집도,
GDP, 교육기관 수, 항공 노선 수, 대사관 및 영사관 수 등 총 열 가
지 기준을 반영한 종합적인 도시 분류 지표를 발표했다.

그 결과 기존의 상하이, 베이징, 선전, 광저우를 제외하고 1선 도
시로는 청두, 난징南京, 톈진 등 15개 도시가 추가됐다. 2선 도시는 모
두 36개로 중·동부지역에 집중돼 있으며, 3선 도시는 73개로 중·동
부지역 및 일부 서부지역에 위치한다. 또한 4선 도시는 76개로 대부
분 중부지역의 지급 도시이며, 그 외 200개는 5선 도시로 분류됐다.

〈제일재경주간〉의 도시 분류 기준

도시 분류 지표	
① 도시별 유명 브랜드 밀집도	② 〈포춘〉 선정 500대 기업 수
③ 유명 브랜드 점포 입점 수	④ 〈포춘〉 500대 기업 선정 중요 도시
⑤ GDP	⑥ 공항 물류량
⑦ 1인당 연간소득	⑧ 대사관/영사관 수
⑨ 211 프로젝트 선정 대학 수	⑩ 국제 항공 및 항만 노선

이 책에서의 중국 도시 분류

구분	도시
1선	베이징, 상하이, 광저우, 선전
2선	충칭, 청두, 톈진, 우한, 난징, 선양
3선	항저우, 쑤저우, 시안, 하얼빈, 정저우, 칭다오, 창춘, 쿤밍, 따롄, 창사, 타이위안, 지난, 허페이, 포산
4선	우루무치, 스좌장, 둥관, 샤먼, 우시, 꾸이양, 뤄양, 난닝, 푸저우, 닝보, 당산, 란저우, 린이, 원저우, 후허하오터 등

성균관대 중국대학원 연구팀은 〈제일재경〉의 도시 분류 기준과 국무원 '통지'의 분류 기준을 동시에 적용해 중국의 전체 도시를 4선으로 구분하는 '제3의 도시 분류 기준'을 제시하고자 한다.

1선 도시는 상하이, 베이징, 광저우, 선전 등 4곳이며, 2선 도시는 충칭, 톈진, 우한, 청두, 난징, 선양 등 6곳이며, 3선 도시는 시안, 정저우, 창사 등 14곳, 4선 도시는 둥관東莞, 우시無錫, 샤먼廈門, 뤄양洛陽 등 55곳으로 구분했다.

20곳에 달하는 2·3선 도시 중에서 경제성장률, 소비규모 등을 기준으로 성장 유망한 6개 지역을 선정했다. 바로 산시성의 시안, 허난성의 정저우, 후베이성의 우한, 후난성의 창사, 쓰촨성의 청두, 그리고 충칭이다.

글로벌 기업은 최근 중국 중·서부지역에 진출하기 시작했다. 동부 연안에 비해 저렴한 인건비와 성장 잠재력이 높아 진출 속도가

중국의 성장 유망한 6개 지역

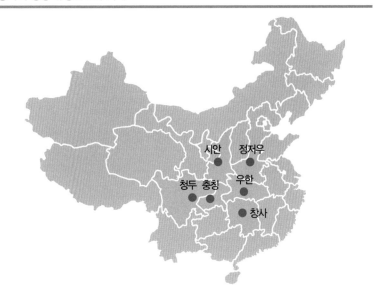

중국의 성장 유망한 6개 지역의 시장 잠재력

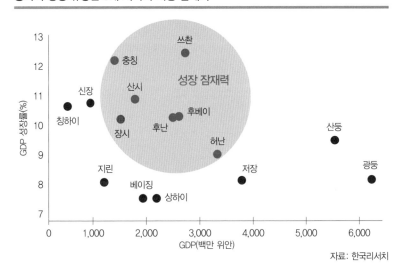

자료: 한국리서치

글로벌 기업의 중국 중·서부지역 진출 현황

분야	진출 기업
가전	도시바, 에이서, 폭스콘 등
완성차 및 부품	현대자동차, 창안포드, 폭스바겐, 르노, 토요타, 한국타이어 등
PC	델, HP, 에이수스 등
반도체	삼성, AT&S, TI, SK하이닉스, 인텔
철강	포스코

자료: 한국무역협회

점차 가속화되고 있다.

대표적으로 삼성전자가 시안에 진출했으며, 폭스콘, 도시바, 포스코 등의 기업들의 진출도 활발하다. 고용이 늘면서 당연히 소비시장도 덩달아 확대되는 추세다. 글로벌 기업과 연계된 사업을 하는 신흥 부자들도 급속히 늘어나고 있다.

앞서 제시한 6개 지역은 중국 중·서부지역의 대표 도시들이다. 이 지역은 중국 전체 인구의 54%가량을 차지하며, 동부 연안에 비해 임금수준이 낮은 편이다.

또 이들은 중국 정부의 '창장경제벨트' 추진과 '일대일로—帶—路, 육·해상 실크로드 전략'의 핵심 도시로 철도, 도로 등 운송 인프라가 확충되며 물류량도 급속하게 늘고 있다.

일대일로 전략의 추진으로 중·서부 6개 도시를 출발해 유럽까지

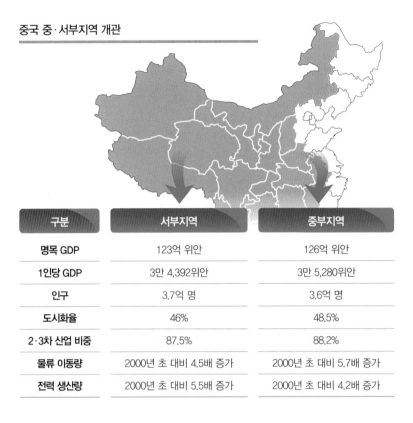

중국 중·서부지역 개관

구분	서부지역	중부지역
명목 GDP	123억 위안	126억 위안
1인당 GDP	3만 4,392위안	3만 5,280위안
인구	3.7억 명	3.6억 명
도시화율	46%	48.5%
2·3차 산업 비중	87.5%	88.2%
물류 이동량	2000년 초 대비 4.5배 증가	2000년 초 대비 5.7배 증가
전력 생산량	2000년 초 대비 5.5배 증가	2000년 초 대비 4.2배 증가

연결된 철도가 운행되고 있으며, 중·서부지역을 관통하는 고속철도로 인해 지역 간 이동시간도 대폭 감소했다.

예를 들어 베이징-충칭은 기존에 40시간이 소요됐지만 현재는 15시간으로 단축됐다. 중·서부지역 철도와 도로 인프라는 약 3,000㎞로 중국 전체의 67%가량을 차지한다. 이 중 우한, 창사, 청두, 충칭은 창장경제벨트 내의 중심 지역이며 정저우와 시안은 일대일로 전략의 거점도시라 할 수 있다.

〈제일재경〉은 도시 분류 기준을 제시하면서 2·3선 도시의 시장 현황을 조사했다. 그중 명품 브랜드 진입 현황을 살펴보면 6개 도시 중 청두에는 113개의 명품 브랜드가 진출했으며, 전체 평균 100개가 넘는 명품 브랜드가 들어서 있다. 해당 도시의 소비시장이 팽창할 것을 감지한 글로벌 기업들이 이미 자리를 잡은 것이다.

또 글로벌 기업들이 선정한 중점도시 100개 중 1위는 청두였으며, 그 외의 5개 도시가 모두 30위권 안에 진입했다. 항공 노선 수도 청두가 70편으로 가장 많았으며, 6개 도시의 항공노선 수는 평균 25개로 전체 도시 평균인 20개를 상회했다.

허난성 정저우

중·서부와 동부 연안을 잇는 경제와 교통의 중심지

허난성河南省 정저우鄭州는 중원문화의 중심지다. 다른 성도에 비해 늦게 성도로 지정돼 성도로서의 발전은 늦었지만 정저우는 하夏·상商·주周 문명의 발원지이자 두보杜甫와 백거이白居易 등 유명 문인의 출생지로 역사와 문화유산이 풍부하다. 지리적으로는 황허黃河 중류에 위치하며 중·서부 내륙지역과 동부 연안지역을 연결하는 경제와 교통의 중심지다.

중국 정부는 2006년부터 지역균형발전 전략의 일환으로 '중부굴기中部崛起 정책'을 시행했다. '중부가 우뚝 솟다'라는 뜻의 중부굴기 정책은 균형 발전 및 중부 내륙에 대한 정책이다. 중부에 위치한 성이 다른 지역에 비해 낙후했기 때문에 동서남북 교통의 융합 지점 역할을 하도록 중점 개발하려는 것이 정책의 골자다.

이런 가운데 2008년 글로벌 금융위기로 수출에 타격을 입은 중국 정부가 내수시장의 확대를 추진하면서 중부지역의 경제 발전 거점 도시인 정저우가 대표적으로 부상하기 시작했다.

정저우는 2010~2014년 연평균 경제성장률이 10% 이상으로 빠르게 성장했으며, 특히 2010년 애플의 아이폰을 주문자생산방식 OEM으로 생산하는 폭스콘의 진출이 지역경제 성장에 큰 영향을 미쳤다. 폭스콘 진출 이후 정저우의 전체 무역액은 2011년 한 해에만 3배 이상 증가했고, 2012년에는 폭스콘의 수출액이 정저우 전체 수출의 78%를 차지했다.

정저우의 소비시장은 상하이, 우한 등 주변 대도시에 비하면 작은 편이지만 빠르게 성장했고, 의류에 대한 지출 비중이 커지는 특징이 나타났다. 정저우의 대표 매체인 〈허난상바오河南商報〉는 중국 국가통계국 조사를 인용해 최근의 정저우 시민들은 가격보다 품질을 우선시해 의류를 구매하는 경향이 있으며, 브랜드에 대한 관심이 높아 전체 응답자 중 68%가 유명 브랜드 의류의 구매를 선호한다고 전했다.

정저우의 상권은 크게 얼치二七 상권과 화위안루花園路 상권, 정둥신구鄭東新區 상권 등 3개 지역으로 구분된다. 상권마다 특징이 뚜렷해 정저우 내에서도 차별화된 전략이 필요하다. 얼치 상권은 정저우에서 가장 오래된 상권이자 고급 백화점이 밀집한 시내의 랜드마크로 이미 유명 브랜드들이 치열한 경쟁을 벌이고 있다. 시 중심에 위치한 얼치광장을 둘러싸고 대형 쇼핑몰 등 1만여 개의 도소매상점이 운집했다. 이곳은 정저우 기차역을 이용하는 승객과 관광객으로 인해 유동인구가 많고 교통이 혼잡하다. 중국 부동산 전문 사이트인 잉상망贏商網에 따르면 2014년 기준 이곳의 1일 평균 유동인구는 평일 300만 명, 주말 500만 명 정도이며, 1일 매출액은 2억 위안한화 약 334억 4,000만 원 정도로 집계됐다.

화위안루 상권은 글로벌 트렌드에 민감한 젊은이들이 즐겨 찾는 곳으로, 20~60대까지 소비계층이 다양하며 매스티지 브랜드중저가 명품 중심의 상권이다. 화위안루와 농예루農業路 교차 지점의 데니스 백화점 화위안루점과 궈마오國貿 360광장을 중심으로 상권이 형성됐으며, 얼치 상권에 비해 세련되고 정돈된 분위기다. 시내버스 환

승센터 부근이라 유동인구가 많으며, 주변에 은행과 보험회사 등의 금융회사 본부와 오피스텔이 다수 들어서 있다.

인구도 가장 많고 번화한 지역인 진수이구金水區에는 2003년 신도시인 정둥신구가 조성됐다. 정둥신구는 시내 재정수입 1위로 최근 새롭게 부상한 상권이다. 정둥신구는 허난성 정부가 1,500억 위안한화 약 25조 770억 원을 투자해 주거, 상업, R&D 기능을 갖춘 첨단 신도시로 조성됐다. 2011년 성 정부가 정둥신구로 이전하면서 공무원 주거단지도 조성됐다. 허난성 정부는 얼치 상권에 이어 정둥신구 상권을 정저우 첨단기술개발구 상권, 항공종합경제시험구 상권과 함께 3대 신흥 상권으로 조성할 계획이다.

정저우는 6개 도시 중에서 한국의 중소·중견기업이 가장 주목해야 하는 도시다. 시안과 함께 일대일로 전략의 시작점인 정저우는 중국 교통의 중심지이자 서울 인구와 비슷한 약 1,000만 명의 인구가 사는 소비 거점도시다. 또한 전자상거래 운영 시스템을 인정받아 중국 정부로부터 국가급 전자상거래 지역으로 선정된 바 있다. 특히 고급 백화점, 중저가 백화점, 마트, 슈퍼에 이르기까지 정저우 내 시장 점유율 1위 기업인 데니스의 유통 인프라를 활용한다면 약 1억 명의 인구가 거주하는 허난성 전체를 공략할 수 있을 것이다.

다만 연해지역보다 공무원들의 업무 진행이 순조롭지 못하다. 또 제품 배송에 시간이 오래 걸리고 물류비가 많이 들어 국내 기업들의 진출에 어려움이 있다. 반면에 한국인 진출이 적고, 시민이나 기업과의 큰 마찰이 생긴 사례가 없기 때문에 한국인에 대한 호기심이 많고 친근하게 대하는 편이어서 참고하면 좋을 듯하다.

후베이성 우한
유구한 역사와 정치의 중심지

후베이성湖北省 우한武漢은 정치의 중심지로 유구한 역사를 자랑하는 곳이다. 상주인구가 980만 명에 달하는 중국 중부지역 최대 도시로 창장과 그 최대 지류인 한장漢江이 도시 중심을 가로지르며, 두 강을 경계선으로 우창武昌, 한커우漢口, 한양漢陽 등 3개 지역으로 구분된다.

1858년 톈진조약으로 개항돼 형성된 조계지外國人이 자유로이 통상 거주하며 치외법권을 누리는 구역를 중심으로 상업·금융업이 발전해 '동방의 시카고'라 불렸다. 1949년 중화인민공화국 건립 뒤에는 철강과 자동차 공장 등이 설립돼 대표적 공업기지 중 하나가 됐다. 개혁·개방 이후 연해지역 중심의 경제 발전 전략이 추진되면서 우한의 경제적 위상은 다소 약화됐지만 중부굴기 전략을 통해 재도약 중이다.

후베이성 우한의 위치

우한은 2020년까지 2·3차 산업의 비중을 전체의 96%로 끌어올린다는 목표를 제시한 바 있다. 경제 규모는 후베이성 전체의 36%를 차지하며 6개 성시 중 가장 큰 비중이다.

우한은 후베이성 내 12개 지급시地級市, 한국 광역시에 해당하는 행정단위 중에서 각 경제지표 수치가 독보적으로 높으며, 성내의 주요 소비거점일 뿐만 아니라 유일한 국제도시다.

우한의 상권은 한강 북부지역과 창장 동부지역, 우한 내 대규모 호수인 둥후東湖의 남부지역으로 구분된다. 한강 북부지역은 우한의 랜드마크로 고급 브랜드 중심의 상권이다. 창장 동부지역은 중산층 고객을 대상으로 하는 매스티지 브랜드 중심 상권이며, 둥후 남부지역은 대학이 밀집한 지역으로 학생을 대상으로 하는 저가 브랜드 중심 상권이다. 우한 역시 상권마다 타깃을 달리해 접근해야 하는 지역 중 하나다.

후난성 창사

창장 이남의 지역거점

후난성湖南省 창사長沙는 성도이자 경제 중심도시로, 창장 이남의 지역 발전에서 거점 역할을 수행한다. 상주인구는 약 730만 명이며, 성내에서 소비성향이 가장 강하고 여가생활을 즐겨 '즐거움의 도시'라고도 불린다.

창사의 상권은 우이광장五一廣場을 중심으로 형성됐으며, 고급 브랜드와 저가 브랜드가 혼재돼 있다. 창사는 3선 도시 중에서도 가장 발전이 더디며 한류 영향력이 큰 곳이다. 또한 여성들의 소비성향이 강해 한국 의류 및 화장품에 대한 수요가 높은 편이다. 성장속도가 상대적으로 둔하지만, 그만큼 유행 민감도가 큰 지역으로 관련 기업들이 관심 있게 봐야 할 곳으로 꼽힌다.

후난성 자체도 한국의 기업 및 지자체와 협력을 도모하고 있다.

후난성 창사의 위치

서비스 분야에서는 CJ그룹, 농업 분야에서는 경상남도 거창군, 제조업 분야에서는 경상남도와 협력관계를 맺고 있다. 또한 안양시와는 뷰티·건강 산업 박람회를 개최하고 있다.

산시성 시안

세계 4대 고도이자 서북부의 중심지

산시성陝西省 시안西安은 진시황릉과 병마용갱으로 유명한 관광지이자 중국의 문명도시 중 하나이며 창안長安이라 불리기도 한다. 주 문왕부터 한漢, 당唐에 이르기까지 13개 왕조의 수도이자 세계 4대 고도 중의 하나로, 중국 서북부지역 최대 도시 중 하나다.

비단길의 관문이기도 해 유물 발굴로 개발이 더뎠지만 몇 년 전부터 빠르게 성장 중이다. 또한 베이징, 상하이와 더불어 중국 내 3대 대학밀집 도시이기 때문에 풍부한 인재를 기반으로 필립스, IBM, 인텔 등 글로벌 기업들의 R&D 센터 거점으로 활용되는 도시이기도 하다.

시안의 경제 규모와 소비시장 규모는 각각 산시성의 30%와 51%다. 2011년 기준 시안의 GRDP지역총생산는 3,864억 위안한화 약 64조

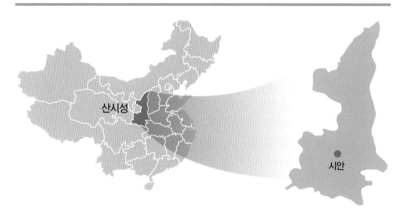

6,000억 원으로 전년 대비 13.8% 성장했으며, 5년간 경제 규모가 두 배 이상 증가했다.

시안은 GRDP, 소득수준, 공업 생산, 무역의 규모 등 지표에서 산시성 내 다른 지급시들보다 수준이 월등히 높으며, 특히 산업과 교통, 물류 인프라가 성내에서 가장 우수한 편이다. 2011년 기준 시안의 소비시장 규모는 1,935억 위안한화 약 32조 3,500억 원으로 5년 전에 비해 약 2.4배 이상 성장했으며, 이는 중국 서부지역 12개 성도의 소비시장 중 충칭, 청두에 이어 세 번째로 큰 규모다.

2002년부터 시안은 이웃 도시인 셴양咸陽과 도시 통합을 추진해 규모가 점차 확대되고 있다. 2020년까지 인구 1,000만 명 규모의 국제적인 대도시로 발전한다는 계획이다.

시안의 소비시장은 크게 '성내'와 '성외'로 구분된다. 이를 다시 성의 중심지역과 성북, 성남, 성동, 성서 등 5개 상권으로 나눌 수 있다. 시안 시 정부는 '패션 쇼핑은 시내 중심부, 여가 쇼핑은 외곽에서'라는 상권 조성의 원칙에 따라 2020년까지 약 85개 상권을 조성할 계획이라고 밝혔다.

시안은 역대 왕조를 거쳐 오면서 특유의 강한 자존감이 있고, 보수적 성향으로 인해 외부인에 대해 배타적이다. 따라서 인지도가 낮은 외국의 중소기업 제품을 잘 구매하지 않는 특징이 있다. 이러한 점을 고려해 무엇보다 현지 유통망을 활용한 진출 전략이 필요하다는 게 전문가들의 분석이다.

그러나 2012년에 삼성전자가 중국 내 외국 기업 투자로는 사상 최대인 75억 달러한화 약 8조 4,000억 원 규모의 반도체 공장을 설립한 뒤 시안에 한국 기업 진출이 크게 증가했다. 2016년 기준 시안에 진출한 한국 기업은 200여 곳으로 4년 전과 비교해 두 배 이상 늘었다.

한국 정부 역시 일대일로 전략의 허브로 떠오른 시안에 대한 한국 기업들의 진출을 적극적으로 지원하고 있다. 이에 따라 서부지역의 산업기반이 확충되고, 소득수준이 늘어나 소비능력이 높아지면서 우리 기업들의 진출은 더욱 늘어날 것으로 전망된다.

쓰촨성 청두

서부지역 최대의 도시

쓰촨성四川省 청두成都는 경제, 행정, 교통, 문화의 중심지로 충칭과 함께 서부지역 최대의 도시 중 하나다. 춘추전국시대에는 촉蜀의 수도였으며 약 2,300년이 넘는 역사를 가졌다. 과거부터 땅이 비옥하며 물자가 풍부해 '톈푸즈궈天府之國'라는 별칭으로도 불린다.

청두에는 1,400만 명의 인구가 상주하며 면적은 서울의 20배, 약 1만 2,390㎢에 달한다. 청두와 충칭을 묶은 신특구인 '청위경제권' 건설을 통해 중국 내 4대 경제권으로 부상하고 있다.

청두의 GRDP는 2012년 기준 8,138억 위안한화 약 136조 500억 원으로 10년 넘게 두 자릿수의 높은 성장률을 기록했다. 특히 2008년 쓰촨성 지진 발생 이후 투자가 늘어나면서 고성장을 지속하고 있다.

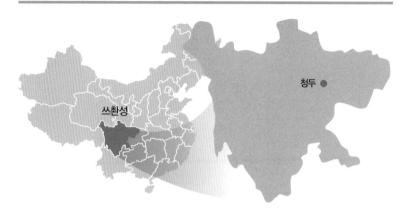

청두가 쓰촨성에서 차지하는 경제적 위상은 높은 편이다. 청두의 경제 규모와 소비시장 규모는 각각 쓰촨성의 34%, 36%를 차지한다. 대외경제정책연구원에 따르면 청두 시민들의 소비성향은 74.4%로 중국 평균인 69.5%보다 높아 소비에 매우 적극적인 것으로 나타났다. 이 밖에도 전 세대에 걸쳐 과시형 소비경향을 보이며, 여성이 주도적으로 소비하는 편이다.

청두의 최근 가장 큰 변화는 교통·통신, 교육·문화 등 서비스 분야의 지출이 급속도로 증가하고 있다는 점이다. 이는 승용차 구입이 늘어나고, 휴대전화와 스마트 기기의 보급이 확대된 데 따른 영향으로 보인다.

생활수준 향상에 따른 구매 패턴의 변화로 청두의 상권도 백화점에서 쇼핑몰 형태로 빠르게 변화하고 있다.

중국 서부지역에서 글로벌 명품 브랜드 입점율이 가장 높은 청두는 6대 상권으로 나뉘는데 대부분 고급 브랜드, 매스티지 브랜드, 저가 브랜드가 혼재돼 있다. 특히 한국의 인사동과 같이 역사적인 전통을 살린 상권과 여가 및 오락 중심의 상권으로 이원화된 형태를 보인다.

시 중심에 위치한 춘시루春熙路, 옌스커우鹽市口, 뤄마스騾馬市가 대표적인 상권이다. 청두의 명동인 춘시루와 옌스커우는 청두 최고의 상권으로 불과 1㎞ 거리를 두고 마주하고 있으며, 로컬과 외국 대형 백화점과 쇼핑몰이 집중돼 있다. 춘시루, 옌스커우와 함께 청두 3대 상권으로 꼽히는 뤄마스는 가전과 잡화, 가구를 중심으로 발전했다. 이 밖에도 동부의 지엔셔루建設路, 서부의 광화·진샤光華·金沙, 남부의 톈푸신청天府新城이 주요 도심 상권에 해당한다.

충칭
서부지역의 유일한 중국 4대 직할시

충칭重慶은 베이징, 상하이, 톈진과 함께 중국의 4대 직할시 중 하나로 유일하게 서부지역에 위치한다. 충칭은 쓰촨성과 구이저우성에 인접해 있으며, 청두와 함께 중국 서부대개발 정책의 중심지로 떠오르는 지역이다.

지형상으로는 산과 언덕이 대부분인 구릉 지형으로 '산의 도시'라고도 불린다. 여름 날씨가 매우 더워 난창南昌, 우한, 난징과 함께 중국의 '4대 화로火爐' 중 하나로 꼽힌다.

2000년 서부대개발 정책이 추진되면서 경제 발전이 본격화됐으며 내륙개방 경제 구축, 혼합경제 체제 구축, 호적제도 개혁과 공공임대주택 건설 등 새로운 발전 방식의 추진으로 주목받고 있다. 2008년 글로벌 금융위기 이후에도 충칭의 경제가 고속성장을 지속

충칭

하면서 충칭의 발전 방식이 관심을 끌었다. 충칭은 청두와 함께 서부대개발의 거점지역으로 지정돼 경제 발전이 가속화되고 있다.

다만 2009~2014년 충칭의 소비시장 성장률은 중국 평균을 소폭 웃돌았지만 점점 둔화되고 있으며, 2013년에는 처음으로 중국 평균 성장률을 밑돌았다. 도시지역 가구의 기초소비 비중이 높은 편이며, 주요 내구 소비재 가운데 휴대전화와 승용차의 보급이 최근 빠르게 증가하고 있다.

충칭의 면적은 베이징과 상하이, 톈진 전체 면적의 두 배가 넘고, 인구는 약 3,000만 명에 달한다. 청두와 함께 서부대개발의 거점지역으로 지정되며 경제 발전이 가속화되고 있다. 항일전쟁 시기에는 한때 국민당 정부의 수도 역할을 하기도 했다.

충칭의 상권은 행정구역을 기준으로 5곳으로 구분된다. 고급 브랜드가 밀집한 제팡베이解放碑 상권이 랜드마크 역할을 하며, 가장 오래된 역사를 갖고 있다. 제팡베이 상권은 쇼핑뿐만 아니라 무역, 금융의 중심지이기도 하다. 금융기관과 오피스타운이 밀집된 지역에 위치해 직장인 고객 비중이 높고, 제팡베이를 중심으로는 민췐루民權路, 민주루民族路, 저우롱루鄒容路, 우이루五—路가 교차된 형태의 보행자 거리가 형성돼 있다. 제팡베이는 대형 쇼핑몰 형태로 상권이 전환되고 있으며, 민췐루, 저우롱루를 중심으로 해외 명품 브랜드의 플래그십 매장이 증가하고 있다.

66

중국 내 성장거점으로 공략해야 할 거점지역은 2·3선 도시다.
1선 도시는 글로벌 기업들조차 로컬 기업에 밀리는 경우가 비일비재하며,
4선 도시 이하는 필수 인프라가 매우 부족하다.

2·3선 도시,
특히 정저우, 우한, 창사, 시안, 청두, 충칭에 주목하라.

99

new **CHINA**
D R E A M

3장
—
중국 자유여행객을
공략하라

"바링허우와 주링허우만 잡아도
승산이 있다."

요우커 1,000만 시대,
그들은 누구인가?

한국의 중소·중견기업이 중국 소비시장 진출을 위해 주목해야 할 대상은 누구일까? 한국을 방문하는 요우커遊客에게서 그 해답을 찾을 수 있다.

중국 국가여행부CNTA는 2015년 한 해 동안 해외여행을 다녀온 중국인 수는 1억 2,000만 명으로 전년 대비 10% 증가했다고 발표했다. 이들 가운데 56%는 자유여행객이다.

과거에는 중·장년층이 여행사의 단체관광 패키지를 통해 한국을 방문하는 것이 대부분이었다. 하지만 요즘의 20~30대 젊은 층들은 여행을 떠나기 전에 온라인 여행 검색 플랫폼 등을 통해 필수 쇼핑 리스트나 반드시 방문해야 하는 명소와 맛집 등을 조사한다. 이들은 주로 개별적으로 여행을 떠나기 때문에 최근에는 중국 자유여행객

한국 방문 국가 순위 및 입국자 수

순위	2013년		2014년		2015년	
	국가	입국자 수 (천 명)	국가	입국자 수 (천 명)	국가	입국자 수 (천 명)
1	중국	4,976	중국	6,127	중국	5,984
2	일본	2,748	일본	2,280	일본	1,838
3	미국	722	미국	770	미국	768
4	타이완	545	타이완	644	타이완	518
5	필리핀	401	태국	467	필리핀	404

자료: 한국관광공사

의 비중이 높아졌다.

특히 한국을 방문하는 중국 자유여행객 수는 꾸준히 늘고 있다. 2015년에는 메르스MERS 여파로 전체 관광객 수가 감소했지만, 자유여행객 수는 오히려 증가하는 모습을 보였다. 자유여행으로 한국을 방문한 요우커는 경기침체로 먹구름이 드리운 국내 숙박업과 요식업, 서비스업 등의 분야에서 새로운 활력으로 작용했다.

문화체육관광부가 2016년 5월 발표한 '2015 외래관광객 실태조사'에 따르면 한국을 방문한 중국인 자유여행객의 1인 평균 지출 경비는 2,483달러 4센트한화 약 280만 원였다. 반면 중국인 단체여행객의 1인 평균 지출은 1,615달러한화 약 180만 원로 자유여행객보다 868달러 4센트한화 약 100만 원 적었다.

중국의 자유여행객 수 추이

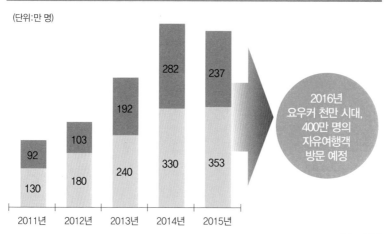

(단위:만 명)

	2011년	2012년	2013년	2014년	2015년
상	92	103	192	282	237
하	130	180	240	330	353

2016년 요우커 천만 시대, 400만 명의 자유여행객 방문 예정

자료: 펑타이

요우커의 주요 한국 방문지역 비교 (복수응답)

순위	2015년		2011년	
1	명동	69.2	명동	68.4
2	동대문시장	52.6	동대문시장	67.1
3	남산	38.1	남산	37.8
4	고궁	35.0	롯데월드	36.7
5	신촌, 홍대	25.0	남대문시장	35.4
6	잠실(롯데월드몰)	24.7	고궁	35.2
7	박물관	20.7	박물관	27.4
8	남대문시장	17.4	청계천, 광화문광장	26.4
9	인사동	15.9	인사동	23.3
10	강남역	13.0	이태원	10.6

(단위: %)

자료: 문화체육관광부

요우커 1,000만 시대를 바라보는 2016년에는 약 400만 명 이상의 중국 자유여행객이 한국을 방문할 것으로 예상되며, 2020년에는 약 1,200만 명이 한국을 방문할 것으로 추정된다.

자유여행객의 수가 증가하면서 일부 관광지로 국한됐던 요우커의 활동 범위도 확대됐다. 과거에는 경복궁, 명동, 인사동 등 외국인 관광객이 자주 찾는 지역에 대한 방문 빈도가 높았지만 최근에는 강남, 홍대, 신촌 등을 찾는 요우커가 빠르게 증가하고 있다. 이에 따라 이들이 소비하는 품목이나 패턴 역시 달라지고 있다.

요우커의 50% 이상은 한국에서의 쇼핑과 식도락 관광에 대한 만족도가 매우 큰 것으로 나타났다. 과거엔 명품 소비에 집중했다면, 최근 자유여행객들은 방문 전 알아본 가격, 품질 등에 대한 정보를 바탕으로 한 '실속형' 소비를 한다.

한국의 신뢰할 만한 품질, 중국보다 낮은 가격, 중국에서 구하기 힘든 디자인, 아기자기한 상점이 밀집한 상권 등이 한국의 '매력지수'를 높인다. 특히, 같은 브랜드여도 중국에서의 가격이 더 높은 경우도 많다. 중국의 높은 관세, 다단계 유통에 따른 과다한 비용, 제품 프리미엄 전략, 환율 등으로 인해 한국과 중국 간 가격 격차가 30% 이상 벌어지는 것이다.[1]

---

1 LG경제연구원, 《요우커의 경제학》, 2016.

요우커가 선호하는 관광 활동

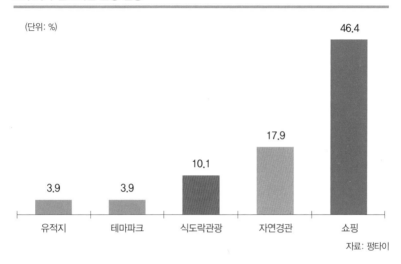

(단위: %)

유적지	테마파크	식도락관광	자연경관	쇼핑
3.9	3.9	10.1	17.9	46.4

자료: 펑타이

요우커에게 인기 있는 상품의 국가별 가격 비교

품목	중국 (상하이)	홍콩	일본 (도쿄)	한국 (서울)
로레알 아이크림	201	135	219	113
LG생활건강 후 공진향 인양뺄런스	450	–	–	340
이니스프리 그린티 스킨토너	115	88	–	79
티파니 빅토리아 펜던트	4만 5,600	2만 3,844	2만 5,327	2만 6,443
코치 스탠튼캐리올 29	4,500	3,756	3,339	3,545
H&M 롱 봄버 자켓	599	489	426	501
빅맥	19	15	21	24

(단위: 위안)

자료: 골드만삭스 투자보고서

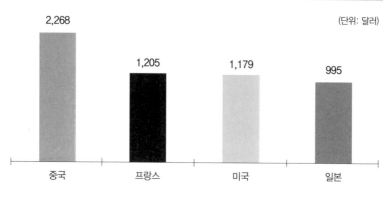

국가별 1인 평균 관광 지출 경비 (2014년 기준)

2,268

(단위: 달러)

1,205

1,179

995

중국　　　　프랑스　　　　미국　　　　일본

자료: 펑타이

　　중국의 디지털 광고회사인 펑타이 조사에 의하면 중국 자유여행
객의 1인 평균 지출 경비는 프랑스, 미국, 일본 등 주요 국가에 비해
두 배가 넘는다.

　　요우커의 약 60%는 20~30대이며, 그중 약 67%가 여성이다. 이
는 여성들이 한국의 연예인, 드라마, 화장품 및 의류 등에 대한 관
심이 남성보다 높기 때문으로 볼 수 있다. 이에 따라 국내 기업이 공
략해야 할 중국 자유여행객은 '바링허우' 여성과 '주링허우' 여성으로
좁혀서 볼 수 있다.

　　그렇다면 중국의 신인류인 바링허우와 주링허우에 대해 좀 더 살
펴보자. 1980년대에 태어난 바링허우와 1990년대에 태어난 주링허
우는 중국 인구 중 약 30%인 4억 명에 달한다. 이들이 중국 전체 소

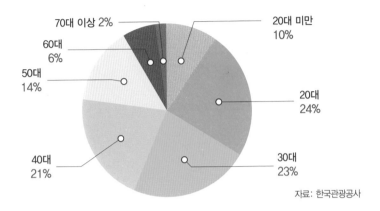

70대 이상 2%

60대
6%

50대
14%

40대
21%

20대 미만
10%

20대
24%

30대
23%

자료: 한국관광공사

비의 45%를 차지한다. 또한 2015년 중국 GDP에 대한 여성의 기여
도는 41%로 전 세계에서 가장 높다.

현재 중국은 '그녀들의 시대她時代'로 일컬어진다. '그녀들의 시대'
가 도래하면서 '여성경제', '그녀들의 소비她消費', '그녀들의 창업她創
業' 등 여러 신조어가 탄생했다.

중국이 '그녀들의 시대'임을 반증하는 수치는 곳곳에서 나타난다.
중국 내 1위 쇼핑 플랫폼인 타오바오淘寶에 입점한 점포의 50.1%가
여성 점주에 의해 운영되며, 점주들의 평균 연령도 32.6세로 젊은
층이 대다수다. 중국의 여성기업가협회는 창업자가 여성인 기업의
매출이 그렇지 않은 기업보다 많다는 결과를 보고서로 발표하기도
했다. 여성들이 소비시장뿐만이 아니라 중국 경제의 주도 세력으로

부상한 것이다.

이에 따라 중국 내에서도 젊은 여성 소비자는 놓쳐서는 안 될 최고의 고객이다. 기업들은 젊은 여성을 대상으로 한 상품 개발에 몰두하고 금융기관의 경우 소득수준이 높은 '그녀'들을 타깃으로 한 여성전용 자산관리 상품을 앞다퉈 출시하고 있다. 전통적인 산업에서도 여성을 대상으로 한 마케팅이 활발하다. 부동산, 자동차 등의 구매에서도 여성의 결정권이 약 70%의 비중을 차지한다는 통계도 있다.

바링허우

1980년대에 태어난 소황제 1세대

1980년대에 태어나 현재 30대가 대부분인 바링허우80后는 중국의 한 자녀 정책에 따라 외동으로 태어난 세대다. 흔히 '소황제'라 불리기도 하며 급속한 경제성장의 첫 수혜자들이다. 중국 최대의 온라인 여행 정보 웹사이트인 씨트립携程, Ctrip은 한국을 방문하는 요우커 중 약 60%가 바링허우라고 발표하기도 했다.

바링허우는 비교적 풍요로운 가정에서 자라 대졸 이상의 학력 수준을 가진다. 중국 개혁·개방 1세대 기업인들의 재산 상속 수혜자이기도 하다. 또한 중국에서 실업률이 가장 낮은 세대로 최신 소비 트렌드를 이끈다. 이들 세대의 여성들은 소득수준이 높은 커리어우먼으로 자신의 성공을 과시하려는 성향을 보인다. 이러한 '자기과시형'

성향은 그들의 일상생활을 통해 살펴볼 수 있다.

바링허우는 '세 가지 노예三奴'라고도 불린다. 이는 '집의 노예房奴', '차의 노예車奴', '카드의 노예卡奴'를 함께 지칭하는 용어다.

바링허우의 소득금액은 기존 세대들에 비해 향상된 수준이다. 하지만 중국 내 부동산 가격이 상승하면서 이들은 월급의 40~50%를 주택대출 상환에 고스란히 쏟아붓는 상황이다. 또한 그들은 먹고 마실 돈은 없어도 그들의 발이 되는 자동차는 반드시 필요하다는 소비 관념을 지닌다. 2016년 1분기 중국 국내선 퍼스트클래스 이용자 중 바링허우의 비율이 30%에 육박한다는 자료도 있다.

이와 같은 특징은 바링허우가 남들에게 보이기 위한 '자기과시형' 삶을 추구한다는 것을 방증하는 것이기도 하다. 이러한 생활로 인해 지출이 많아지며 자연스럽게 '카드의 노예'가 된 것이다.

바링허우 여성은 이제 본격적인 혼인·출산 연령대에 접어들었다. 그리고 자녀를 위해서라면 돈을 아끼지 않아 '자녀의 노예孩奴'라는 별명까지 얻었다. 자녀를 통해 자신의 성공을 과시하고 싶어 하는 성향도 강하다.

이들은 상품을 사용가치로 소비하는 게 아니라 신분 과시를 위한 일종의 기호로 소비하는 경향이 있다. 최근 품질 좋고 값비싼 한국 유아용품과 프리미엄 생활용품이 잘 팔리는 이유도 이들의 소비 특성에 기인한다.

주링허우

1990년대에 태어난 스마트 소비 세대

1990년대에 태어나 현재 20대가 대부분인 주링허우90后는 바링허우와 함께 중국의 소황제 세대다. 하지만 이들의 생활 패턴이나 소비성향 등은 바링허우와는 사뭇 다르다. 바링허우가 PC를 기반으로 한 세대라면, 주링허우는 스마트폰 중심 세대다. 이들은 외국 브랜드에 대한 선호도가 더욱 강하고, 자신의 개성을 표현할 수 있는 아이템 위주로 소비한다.

최근 중국 정부의 소비 진작 정책과 핀테크Fintech, 금융과 기술이 결합된 서비스의 발전으로 소비를 위한 대출이 편리해졌다.

이에 따라 대다수의 주링허우는 소비를 위한 대출에 나선다. 하지만 그들의 대출은 바링허우와 같이 집이나 차를 사기 위한 거액의 대출이 아니라 쇼핑을 위한 소액 단위 대출에 집중한다는 점에서 차이가 있다.

중국 최초의 P2P개인 대 개인 대출 금융 플랫폼인 파이파이따이拍拍貸는 사업보고서를 통해 2015년 자사의 전체 이용자 1,211만 명의 약 75%가 주링허우라고 발표했다. 주링허우의 대출 총액은 전년 대비 약 400% 이상 증가해 최근 중국에서 소비 잠재력이 가장 큰 세대로 자리 잡았다.

파이파이따이는 바링허우가 소득수준의 향상과 함께 자금공급자로 변화했으며, 사회 초년생인 주링허우는 원하는 것을 사기 위해 왕성한 자금수요자로 부상했다고 분석했다.

주링허우는 스마트폰의 보급과 함께 앱App, 애플리케이션이나 SNS에서 체험을 공유하며 소비한다. 즉, 제품을 사용한 여러 사람들의 평가를 비교해, 자신의 개성을 표현할 수 있고 합리적 가격을 지닌 제품을 선별한다. 이는 '자기과시형' 쇼핑을 즐기는 바링허우와의 가장 큰 차이점이다.

바링허우와 주링허우는
어떻게 여행하는가?

    요우커 중 가장 비중이 높은 바링허우와 주링허우의 약 57%는 주로 온라인을 통해 여행 정보를 수집한다. 화양디지털마케팅연구원이 2014년 발표한 〈주링허우 SNS행위 연구조사보고서〉에 따르면 주링허우의 85.6%는 돈이 생기면 하고 싶은 일이 여행이라고 꼽을 정도로 여행 선호도가 높다. 이들은 대부분 바이두百度와 같은 검색 엔진과 웨이보微博와 같은 SNS, 그리고 씨트립, 마펑위螞蜂窩, 투뉴途牛 등과 같은 여행 정보 플랫폼 등을 통해 정보를 습득한다.

    우리에게 다소 생소한 여행 정보 플랫폼은 자유여행객을 주요 타깃으로 하며 항공·숙박 정보를 제공하고 예약도 가능하다. 또한 여행을 다녀온 뒤 소비자들이 작성한 후기와 여행지 정보 등도 제공한다. 이 밖에도 한국인이 만든 한유망韓遊網과 한차오韓巢 등 역시 한

바링허우와 주링허우의 비교

	바링허우	주링허우
출생 시기	1980년대	1990년대
인구	약 1억 8,000만 명	약 1억 6,000만 명
성장 배경	급속한 경제 발전 시기, 물질적으로 풍요로운 환경	인터넷화, 글로벌화
소비성향	자기과시형	개성추구형
쇼핑 수단	오프라인, 온라인(PC 중심)	대부분 온라인(모바일 중심)
대출	자금공급자로 전환	자금수요자로 부상
관심사	집, 자동차, 자녀	여행, SNS

요우커들이 한국 관광 정보를 습득하는 경로

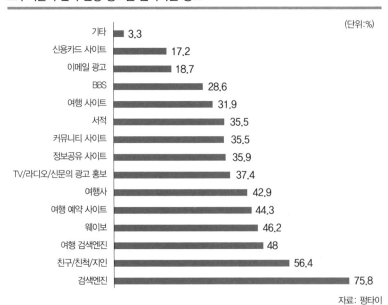

(단위:%)

기타	3.3
신용카드 사이트	17.2
이메일 광고	18.7
BBS	28.6
여행 사이트	31.9
서적	35.5
커뮤니티 사이트	35.5
정보공유 사이트	35.9
TV/라디오/신문의 광고 홍보	37.4
여행사	42.9
여행 예약 사이트	44.3
웨이보	46.2
여행 검색엔진	48
친구/친척/지인	56.4
검색엔진	75.8

자료: 펑타이

중국의 온라인 여행업 시장의 규모

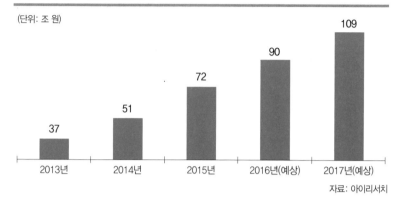

(단위: 조 원)

2013년 37
2014년 51
2015년 72
2016년(예상) 90
2017년(예상) 109

자료: 아이리서치

국을 방문하는 젊은 중국 자유여행객들이 주로 찾는 여행 정보 플랫폼이다.

중국의 여행업체는 2015년 기준으로 2만 7,000여 곳, 온라인 여행업 시장 규모는 약 72조 원으로 모바일을 통한 여행 정보 플랫폼 방문 수가 약 63%의 비중을 차지한다. 세계여행관광협회WTTC는 중국 GDP에 대한 여행업 규모가 2025년까지 연평균 6.2% 이상 성장할 것으로 예측했다.

중국 정부도 여행업의 성장을 촉진하기 위해 2015년 8월 '여행업 투자와 소비 촉진에 대한 몇 가지 의견'을 발표했다. 이에 따르면 여름철에는 금요일 오전까지만 근무하고 오후부터 여행을 다녀올 수 있도록 하며 정부 차원에서 해외 구매에 대한 세금 감면 등의 혜택을 부여한다고 규정한다.

요우커 지출에 따른 경제 파급의 효과

구분	2011년			2015년		
	전체 외국인	중국인	비중 (%)	전체 외국인	중국인	비중 (%)
방문 인원(명)	946만 7,536	222만 196	23.5	1,296만 1,458	598만 4,170	46.2
관광 수입(억 원)	13조 7,444	4조 6,075	33.5	25조 1,153	15조 7,022	62.5
생산 유발(억 원)	25조 1,539	8조 5,165	33.9	45조 726	27조 6,647	61.4
부가가치 유발 (억 원)	11조 783	3조 7,454	33.8	20조 1,104	12조 5,085	62.2
취업 유발(명)	21만 4,103	6만 6,701	31.2	35만 9,056	19만 4,277	54.1

자료: LG경제연구원

LG경제연구원에 따르면 2015년 방한 외국인의 46.2%를 차지한 요우커의 총 지출액은 전체 관광객 총 지출액의 62.5%를 차지해 2011년보다 약 3.4배 증가했다. 2015년 요우커 방한에 따른 명목 생산 유발의 효과는 27조 6,647억 원으로 2011년에 비해 3.2배의 규모를 보였다. 부가가치 유발 효과는 12조 5,085억 원으로 GDP의 0.8%를 차지했다. 또한 취업 유발의 효과는 2011년보다 약 2.9배 증가했다.

이처럼 요우커의 지출이 한국의 관광 관련 산업에 미치는 영향이 커진 만큼 요우커를 공략하기 위한 아이디어와 전략이 필요한 상황이다.

라이프 스타일로 보는 중국 소비자

중국의 소비자를 바링허우나 주링허우와 같은 연령별 구분이 아닌 라이프 스타일에 따라서도 구분할 수도 있다. 크게는 다섯 가지 유형으로 나눌 수 있다.[2]

첫 번째 유형은 원바오족溫飽族으로, 현실적 도시 생활에 익숙하면서 유행을 따르지 않고, 사회 활동보다는 가정에서의 많은 여가를 중요시하는 소비자들이다.

두 번째 유형은 샤오캉족小康族으로, 열심히 일하고 비교적 안정적인 생활을 유지하며 현재 중국 도시민들의 소비성향을 가장 잘 대표하는 집단이다.

---

2 김용준, 《China Marketing》, 박영사, 2016.

중국 소비자의 라이프 스타일별 분류

형태	연 가구소득 (위안)	직업	라이프 스타일의 특성
원바오족	1만 이하	국유기업 노동자 정년퇴직자	유행 비순응 전통적 중국식 생활 선호 가정 중심적 중간가격대 제품 소비
샤오캉족	1만~2만	행정기관직원 관리직, 공무원	근면성실 안정적 생활 유지
지식인족	2만~3만	교수, 의료, 연구, 출판, 문예	개방적 사고방식 물질보다 문화적 소비 중시
신세대/ 독생자	3만~10만	삼자기업종사자, 개인사업가	서구문화 추구 운동, 오락 및 주식에 관심 고품질 소비 추구 광고에 관심
YUPI족	10만 이상	개인사업가, 개별전문직	낭만적 생활과 고급 오락 금전 지향적 선도 구매자 계층 인구수 적지만 구매력 큼

자료: 김용준(2016)

세 번째 유형은 지식인족이다. 보통 물질적 소비보다 문화적 소비와 사회경험을 중시하며 안정된 생활을 추구한다.

네 번째 유형은 신세대/독생자 집단이다. 서구문화를 선호하고 다양한 생활양식을 추구하며 운동과 오락, 주식투자에 관심이 많으며, 고품질 소비를 추구하고 구매력이 매우 막강하다.

마지막으로는 YUPIYoung·Urban·Professional·Independent족이 있다. 특히 신세대/독생자 집단과 YUPI족은 대도시에 거주하는 바링허우 세대들이 대부분이다. 낭만적 생활을 추구하며 고급스러운 오락을 즐기는 집단으로, 소비자 집단 중 가장 금전지향적 성향을 보인다.

다음 장에서는 중국의 온라인 플랫폼 현황과 우리 기업의 활용방안에 관해 살펴보도록 하겠다.

4장

—

스마트 플랫폼을
활용하라

한층 스마트해지는 중국의 전자상거래 서비스 │ 새롭게 떠오르는 중국의 전자상거래 플랫폼 │

스마트와 건강으로 중국 소비자를 공략하라 │ 중국 O2O 플랫폼에 주목하라

"중국 소비자를 사로잡기 위해 무엇보다 필요한 것은
'스마트'해지는 것이다."

한층 스마트해지는
중국의 전자상거래 서비스

지금까지 우리 중소·중견기업이 성공적으로 중국 내수시장에 진출하기 위한 거점지역과 공략할 대상을 알아봤다. 이제는 그들을 어떻게 공략할 것인가를 고민할 차례다. 첫 번째 해답은 바로 '전자상거래'다.

중국 정부의 '인터넷 플러스' 정책과 함께 중국의 인터넷 산업은 급속하게 발전하고 있으며, 이를 바탕으로 전자상거래 시장도 빠르게 성장하고 있다. 인터넷 플러스란 인터넷 플랫폼과 정보통신 기술로 인터넷과 전체 산업을 융합해 새로운 경제 발전의 생태계를 창조하는 전략을 의미한다. 인터넷 플러스 트렌드에 맞춰 중국의 유통업, 제조업 등 전통 산업은 '스마트'하게 변화하고 있다.

인터넷과의 결합으로 탄생한 수많은 혁신 사례

인터넷 + 기존 산업	뉴 비즈니스	사례
인터넷+TV	인터넷 TV	바이시퉁(BestTV), 샤미(Xiami) 등
인터넷+라디오	인터넷 라디오	히말라야(Ximalaya), 칭팅(Qingting) 등
인터넷+KTV	온라인 엔터테인먼트	창바(Changba), KKTV1 등
인터넷+여행	온라인 게임	이룽(eLong), 익스피디아(Expedia) 등
인터넷+교육	인터넷 교육	쥐예방(Zuoycbang), 위엔티쿠(Yuantiku) 등
인터넷+금융	인터넷 금융	루닷컴(LU.com), 크레디트이즈(CreditEase) 등
인터넷+의료	인터넷 의료	춘위이성(Chunyu Yisheng), 과하오(Guahao) 등
인터넷+교통	인터넷 교통	디디(Didi), 우버(Uber) 등
인터넷+자동차	인터넷 자동차	유신파이(Youxinpai), 오토홈(Autohome) 등
인터넷+법률	온라인 법률 컨설팅	리갈 줌(Legal Zoom), iFabao 등
인터넷+에너지	에너지 인터넷	구글(Google), 실버(Silver) 등
인터넷+부동산	부동산 사이트	팡둬둬(FangDD), 이하우스(E-House) 등
인터넷+리테일	전자상거래	징둥(JD), 웨이핀후이(Vipshop) 등
인터넷+요식	O2O 요식	디엔핑(Dianping), SHBJ 등
인터넷+서비스	O2O 서비스	아이방(Ayibang), 따오시라(Daoxila) 등
인터넷+예매	인터넷 예매	마오옌(Maoyan), 거와라(Gewara) 등
인터넷+헤드헌팅	온라인 리쿠르팅	레핀왕(Liepin), 링크드인(Linkedin) 등
인터넷+결혼정보	온라인 매칭	스지자웬(Jiayuan), 전아이왕(Zhenai) 등

자료: 중국문화산업투자기금

중국의 전자상거래 시장 규모

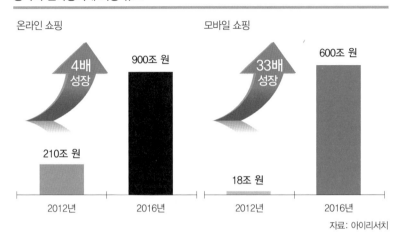

온라인 쇼핑

4배 성장

210조 원
2012년

900조 원
2016년

모바일 쇼핑

33배 성장

18조 원
2012년

600조 원
2016년

자료: 아이리서치

중국의 온라인 쇼핑 시장은 2016년에는 약 900조 원 규모로 성장할 전망이다. 이는 전년 대비 37.2% 증가한 것으로 당분간 가파른 성장세가 계속될 것으로 예상된다. 온라인 쇼핑 시장이 성장함에 따라 해외에서 직접구매하는 시장 규모도 확대되고 있으며 의료, 유아용품, 인테리어 등의 시장에서는 수직 전자상거래 플랫폼이 늘어나는 추세다.

수직 전자상거래란 특정 산업의 시장을 세분화해 고객층에 따라 차별화된 서비스를 제공하는 운영 모델을 의미한다. 예를 들어 인테리어 수직 전자상거래 플랫폼 내에서는 인테리어와 관련한 제품만을 판매하는 식이다.

과거 중국의 온라인 쇼핑 시장은 C2C개인 간 거래가 전체 시장의

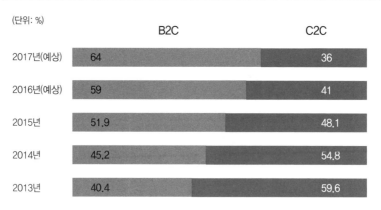

(단위: %)

	B2C	C2C
2017년(예상)	64	36
2016년(예상)	59	41
2015년	51.9	48.1
2014년	45.2	54.8
2013년	40.4	59.6

자료: 아이리서치

75% 비중을 차지했지만, 최근에는 C2C가 점차 축소되고 B2C기업과 소비자 간 거래가 약 59%의 시장 점유율을 기록했다. 제품 품질과 배송 등에 대한 중국 소비자의 만족도가 점차 높아짐에 따라 앞으로 B2C 가 C2C에 비해 더욱 성장할 것으로 예상된다.

중국의 모바일 쇼핑 시장 규모는 2016년 600조 원으로 4년 사이 33배가량 성장했다. 모바일 쇼핑은 PC를 기반으로 한 온라인 쇼핑 에 비해 사용이 간편하고 언제 어디서든 접속이 가능하며, PC·휴대 용 기기·TV 등과 연동이 가능해 성장 잠재력이 가장 큰 분야다. 한 국과 마찬가지로 2015년 중국의 모바일 쇼핑 비중은 PC 쇼핑을 넘 어섰다.

시장조사업체 TNS와 KT경제경영연구소에 따르면 2016년 3월

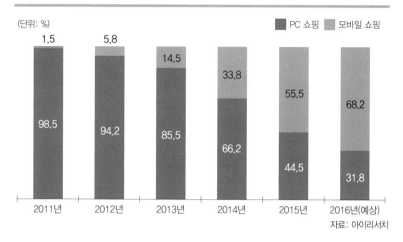

PC 쇼핑과 모바일 쇼핑의 비중 추이

(단위: %)   ■ PC 쇼핑 ■ 모바일 쇼핑

	2011년	2012년	2013년	2014년	2015년	2016년(예상)
모바일 쇼핑	1.5	5.8	14.5	33.8	55.5	68.2
PC 쇼핑	98.5	94.2	85.5	66.2	44.5	31.8

자료: 아이리서치

기준 세계 주요 50개국의 스마트폰 보급률은 69.5%로 70%에 육박했는데 중국의 보급률은 79%로 미국의 72%보다 높았다. 더군다나 한국이 91%로 세계 최고 수준을 보인 점을 고려하면 중국 모바일 쇼핑 시장은 앞으로 더욱 성장할 전망이다.

중국 모바일 상거래M-Commerce 시장의 특징은 SNS의 정보가 이용자의 구매 결정에 큰 영향력을 미친다는 점이다.[1] 중국의 SNS에서 광고가 차지하는 비율은 계속 증가하고 있으며, SNS 광고 시장은 연평균 약 30%의 성장률을 보인다. 특히 모바일 광고의 경우 중국 소비자들에게 비교적 적은 비용으로 큰 광고 효과를 누릴 수 있

---

1 김용준, 《China Marketing》, 박영사, 2016.

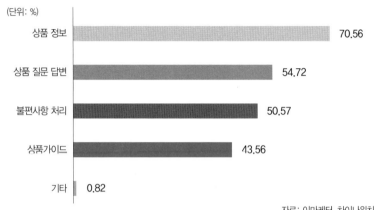

중국인의 SNS 이용 시 기업에 바라는 점

(단위: %)

상품 정보	70.56
상품 질문 답변	54.72
불편사항 처리	50.57
상품가이드	43.56
기타	0.82

자료: 이마케터, 차이나워치

는 것이 장점이다. 다만 중국은 지역별로 소비자의 특징이 다르기 때문에 SNS 모바일 광고 역시 타깃 및 지역에 따라 차별적인 접근 방식이 필요하다.

중국 SNS 사용자들을 대상으로 실시한 조사를 보면 사용자들의 80% 이상은 SNS상의 정보가 구매에 영향을 미친다고 응답했으며, 50% 이상은 자신의 구매 경험을 SNS를 통해 공유할 의향이 있다고 응답했다. 특히 이들은 SNS 이용 시 기업에 바라는 점으로 상품에 대한 정보, 상품에 대한 질문 답변, 불편사항 처리 등을 꼽았다.

따라서 한국 기업의 SNS 마케팅 활동이 더욱 적극적일 필요가 있다. 이미 SNS가 활성화된 중국에서 초기의 기업 이미지가 성패를 좌우할 수도 있기 때문이다.

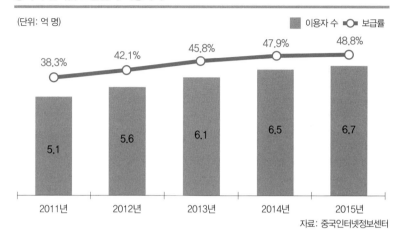

중국의 인터넷 보급률과 이용자 수

(단위: 억 명)

이용자 수 ●○● 보급률

	2011년	2012년	2013년	2014년	2015년
보급률	38.3%	42.1%	45.8%	47.9%	48.8%
이용자 수	5.1	5.6	6.1	6.5	6.7

자료: 중국인터넷정보센터

　현재 중국의 인터넷 보급률은 약 49%이며, 인터넷 이용자 수는 6억 7,000만 명 정도다. 2020년까지 인터넷 보급률을 70%까지 높이겠다는 중국 정부의 방침에 따라 4선 도시 이하 지역과 농촌지역에까지 인터넷이 보급된다면 중국 전자상거래 시장은 기하급수적으로 확대될 전망이다.

　또한 중국 전자상거래의 지역별 소비 비중을 살펴보면 2·3선 도시가 41%의 비중을 차지해, 2·3선 도시는 오프라인뿐만 아니라 온라인에서도 한국 중소·중견기업이 반드시 공략해야 할 지역임을 알 수 있다.

새롭게 떠오르는
중국의 전자상거래 플랫폼

　중국의 폭발적인 온라인 시장을 확인할 수 있는 사례가 있다. 중국판 '블랙프라이데이'인 '광군제光棍節, 11월 11일'에 대해 알아보자. '광군'은 중국어로 독신남 또는 애인이 없는 사람을 뜻하는 말로 숫자 1이 외롭게 서 있는 사람의 모습과 비슷하다고 해서 생겨났다.

　특히 2009년 광군제를 맞아 중국의 최대 전자상거래 기업인 알리바바의 인터넷 쇼핑몰 '티몰'을 통해 독신자를 위한 대대적 할인행사를 시작하면서 광군제는 중국 최대 쇼핑일로 자리 잡았다.

　2015년 11월 11일 티몰의 매출액은 하루 만에 16조 원을 기록했다. 이는 미국의 블랙프라이데이 시즌 닷새 동안의 매출액인 12조 6,000억 원보다 많은 수치다. 또 티몰이 광군제 행사를 시작한 2009년의 매출액 90억 원보다 무려 1,800배 상승한 것이다. 현지 수요와

광군제의 1인당 소비규모

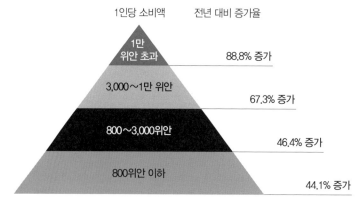

1인당 소비액	전년 대비 증가율
1만 위안 초과	88.8% 증가
3,000~1만 위안	67.3% 증가
800~3,000위안	46.4% 증가
800위안 이하	44.1% 증가

자료: 알리리서치

맞물린 마케팅 전략이 상상도 할 수 없는 성과를 이룬 셈이다.

광군제의 1인당 소비금액도 전년 대비 크게 상승했다. 특히 1만 위안한화 약 170만 원을 초과해 제품을 구입한 사람이 전년 대비 88.8% 증가해 가장 높은 증가율을 보였다.

이를 통해 중국의 소비자가 온라인 플랫폼에서 물건을 구매할 때 저가품 위주의 소비에서 벗어나 품질이 좋은 고가품도 구매함을 알 수 있다.

중국의 시장조사기관인 아이리서치의 조사에서도 최근 몇 년간 온라인 쇼핑의 평균 소비규모가 꾸준히 증가함을 알 수 있다. 2015년 현재 중국의 온라인 쇼핑 1인당 평균 소비액은 9,207위안한화 약 150만 원으로 2012년에 비해 두 배 가까이 증가했으며 2016년에는 1

중국 온라인 쇼핑의 1인 평균 소비액 추이

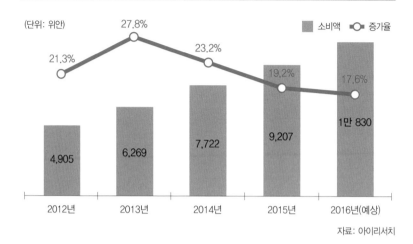

(단위: 위안)

소비액 ▢ 증가율 ○

	2012년	2013년	2014년	2015년	2016년(예상)
증가율	21.3%	27.8%	23.2%	19.2%	17.6%
소비액	4,905	6,269	7,722	9,207	1만 830

자료: 아이리서치

인 평균 소비액이 1만 위안_{한화 약 170만 원}을 넘을 것으로 예상된다. 중국의 소비시장을 과거처럼 단순히 박리다매 전략으로 접근해서는 안 된다는 교훈을 얻을 수 있다.

중국의 전자상거래 플랫폼에는 티몰만 있는 것이 아니다. 최근 급부상한 징동닷컴, 쑤닝닷컴, VIP닷컴 등 다수의 플랫폼이 있다.

징동닷컴은 티몰에 이어 시장 점유율 21%인 종합 전자상거래 플랫폼이다. 쑤닝닷컴은 난징에 본사를 둔 쑤닝윈상그룹 산하에 있는 가전제품 중심의 B2C 플랫폼인데 시장 점유율 4.2%로 업계 3위다. VIP닷컴은 의류, 화장품, 가방 등 품목에서 중국 최초의 기간한정 판매 방식으로 강세를 보이는 업계 4위 플랫폼이다.

이들 플랫폼은 한국 기업에 수수료, 보증금, 광고비 면제 혹은 감

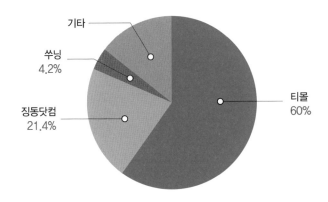

기타

쑤닝
4.2%

징동닷컴
21.4%

티몰
60%

자료: 아이리서치

면 등의 혜택을 부여한다. 그만큼 한국 제품에 대한 선호도가 높다는 뜻이다. 이미 VIP닷컴은 한국 부서를 서울에 두고 김포에 직영 물류센터를 가동하는 등 한국 상품 소싱 활동에 적극적이다.

한편, 알리바바 산하 시장조사기관인 알리리서치는 2015년 〈광군제 소비현황 분석보고서〉에서 전년 대비 평균 200% 이상의 판매 증가율을 기록한 6개 품목을 발표했다. 공기청정기, 로봇청소기, 휴대용 기기, 건강 관련 제품, 의료 서비스, 벌꿀 등의 가공식품 등이 바로 그 6개 품목이다.

이처럼 광군제 히트상품을 통해 본 소비 키워드는 바로 '스마트'와 '건강'이었다. 소득수준의 향상에 따라 유행에 민감한 젊은 세대가 스마트 기기에, 중년 이후 세대는 건강식품에 폭발적인 관심을 보이는 것이다. 당연한 수순이다.

이처럼 우리 생활을 편리하게 하는 '스마트 소비'가 증가함에 따라 다양한 아이디어와 제품 간 결합에 중국 소비자의 초점이 맞춰질 것으로 예상된다. 또한 생활수준의 향상과 환경·식품 관련 안전 문제 등으로 인해 '건강 소비'에도 중국 소비자의 관심이 증대되고 있다.

중국 휴대전화 사용 인구의 30%는 건강관리 앱으로 하루의 활동량을 점검하고, 소비자의 74%는 향후 전자 디바이스를 이용해 건강관리를 할 의향이 있다고 밝혔다. 이렇듯 중국 소비자들의 건강에 대한 관심이 향후 건강식품 및 헬스케어 산업의 발전을 가속화시킬 것으로 보인다.[2]

2 김종환, '올해 중국 소비시장의 4대 키워드는?', 〈EM inside〉 5월호, 한국무역협회, 2016, 3면.

스마트와 건강으로
중국 소비자를 공략하라

앞서 언급한 스마트와 건강이라는 소비 키워드를 포함해 중국의 새로운 소비 트렌드를 지칭하는 용어가 있다. 바로 '화유편강華遊便康'이다. [3]

첫째, 화려함華을 좇는 사치형이 증가하고 있다. 라셔족辣奢族, 럭셔리 추구 소비자 등 고소득을 바탕으로 명품 소비를 즐기는 소비층이 중국 전체 가구의 30%로 증가하고, 처누족車奴族, 카누족卡奴族 등 과소비 행태를 보이는 중·저소득층도 늘고 있다. 처누족은 이른바 '카푸어car poor'를 의미하고, 카누족은 카드 과다 사용자를 의미한다.

둘째, 여유遊를 추구하는 문화향유형이 있다. CC족Culture Creative,

3 김용준, 《China Marketing》, 박영사, 2016.

중국의 새로운 소비 트렌드와 소비자 유형

소비 유형		특징
화 (華, 사치형)	고소득	고소득을 바탕으로 럭셔리 소비를 즐기는 소비족 (라셔족 등)
	중·저소득	소득수준에 비해 과도한 소비를 과시하는 소비족 (처누·카누족 등)
	여성	럭셔리 제품에 대한 소비 욕구가 높은 여성 소비족
유 (遊, 문화향유형)		여행, 스포츠, 헬스 등 다양한 문화적 호기심을 충족하고 싶어 하는 소비족(CC족, 라테족 등)
편 (遊, 스마트형)		온라인 쇼핑몰을 통해 제품 정보를 검색하는 소비족 (타오바오족, QQ족 등)
강 (遊, 웰빙형)		건강 및 친환경적 소비를 중시하는 소비족 (러훠족, 뤼커족 등)

자료: 현대경제연구원

_{문화향유,} 라테족LATTE, _{여유추구} 등 여유로운 삶을 추구하고 다양한 문화향유를 추구하는 소비층이 증가했다. 이들은 다양한 문화를 쉽게 받아들이며 여가에 대한 욕망이 강한 부류이다. 이에 따라 여행과 레저 등에 대한 소비욕구가 두드러져 국내외 여행객이 증가하고, 아웃도어 시장이 점차 확대되고 있다.

셋째, IT 기기를 활용해 편리성便을 중시하는 스마트형 소비계층이 생겨나고 있다. 인터넷 보급률이 증가하면서 QQ, 타오바오 등 인터넷 플랫폼을 통해 쇼핑을 즐기는 소비자들이 증가하는 추세다. 이에 따라 중국의 인터넷 쇼핑 시장 규모는 지난 2007년 520억 위

안한화 약 8조 7,000억 원에서 2012년 약 1조 3,205억 위안한화 약 227조 761 억 원으로 약 25배 급증했다.

넷째, 건강康해지려는 웰빙형 소비자들도 증가하고 있다. 소득수준이 높아지면서 친환경·녹색 제품을 선호하는 소비자들이 늘고 있다. 셀 수 없이 다양한 민간요법과 속설이 전해 오는 것처럼 중국은 전통적으로 건강과 장수에 대한 관심이 큰 나라다. 여기에 외부로부터 새로운 건강식품들이 유입되면서 관련 시장도 급속하게 성장하고 있다.

특히 2008년에는 중국산 유제품 멜라민 오염 사건 이후 식품 안전에 대한 관심이 높아졌다. 여기에 중국 정부의 웰빙 산업 관련 정책에 힘입어 건강·기능성 등을 갖춘 친환경 제품에 대한 관심이 지속적으로 확대될 것으로 전망된다.

우리는 한국 기업의 유망한 품목으로 스마트 가전·의료기기·건강식품·화장품 및 의류를 제시한다. 전자상거래 시장을 활용해 스마트 소비 및 건강 소비를 추구하는 중국 소비자의 니즈를 공략해야 한다. 또한 광군제에서 중국 소비자가 가장 많이 사들인 한국 제품이 화장품과 의류였기 때문에 이 분야의 경쟁력도 강화하는 노력을 지속해야 한다. 글로벌 기업뿐만 아니라 중국 로컬 기업의 기술과 마케팅 수준도 갈수록 높아지기 때문이다. 새로운 전략과 기술 없이는 화장품과 의료 분야에서 언제 경쟁력을 상실할지 모른다.

우선 스마트 가전 분야를 살펴보자. 중국 정부가 사물인터넷에 대한 민간투자를 장려하며 가전업계에 사물인터넷 바람이 부는 가운데 근거리 무선 네트워크인 지그비Zigbee 기술의 도입 등으로 중국 스마트 가전 산업은 고속으로 성장하고 있다.[4]

중국 정부는 2020년까지 가전강국을 목표로 인터넷 플러스 정책과 함께 스마트 가전 육성 정책을 펼치고 있다. 이에 따라 중국의 시장조사 기관인 AVC는 2016년 중국의 스마트 가전 시장 규모가 전년 대비 3.8% 성장한 약 7,000억 위안한화 약 117조 원에 달할 것으로 전망했다.

두 번째 유망 품목은 의료기기다. 중국은 세계 2위의 의료기기 시장이며, 중국 내 의료기기 생산업체는 1만 6,000여 곳으로 매년 3%씩 증가하고 있다. 이미 경쟁이 치열해지고 있으나 경쟁 강도를 뛰어넘는 시장의 성장 속도가 매력적이다. 중국 정부의 의료 산업 육성 정책에 따라 2018년까지 의료기기 산업의 시장 규모는 6,500억 위안한화 약 108조 6,000억 원에 달할 것으로 예상된다.

세 번째 유망 품목인 건강식품 시장에 대해 알아보자. 미세먼지, 식품 안전사고 및 고령화 추세로 인해 건강에 대한 중국인들의 관심은 꾸준히 높아지고 있다. 이러한 이유로 중국의 건강식품 시장 규

---

4 KOTRA(2016), '중국 가전 시장에 부는 스마트 바람'.

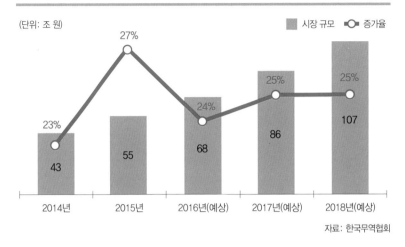

(단위: 조 원)

시장 규모 ○ 증가율

- 2014년: 43 (23%)
- 2015년: 55 (27%)
- 2016년(예상): 68 (24%)
- 2017년(예상): 86 (25%)
- 2018년(예상): 107 (25%)

자료: 한국무역협회

모는 연평균 약 35%의 성장세를 유지하고 있다. 특히 중국의 건강식품 연간 매출액은 2,000억 위안한화 약 33조 4,000억 원에 달하지만 소비자 만족도는 매우 낮은 것으로 나타났다.

중국소비협회의 〈건강식품 소비자 인지도 조사 보고서〉에 따르면 중국 소비자의 70%는 건강식품 시장에 대해 '만족스럽지 못하다'고 답했고 60%는 '건강식품 광고를 믿지 않는다'고 답했다.[5] 이러한 상황에서 상대적으로 국가 신뢰도가 높은 한국의 건강식품 제조업체들은 중국 소비자들이 원하는 건강식품으로 중국 소비자 공략에 나서야 할 것이다.

---

5 KOTRA(2016), '중국 건강식품 연간매출 2,000억 위안에 달해'.

중국 노령인구 추이

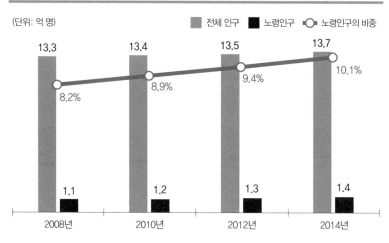

(단위: 억 명)   ■ 전체 인구 ■ 노령인구 ⊙ 노령인구의 비중

자료: 한국무역협회

2015~2040년 중국 노령인구 증가 추이의 예측

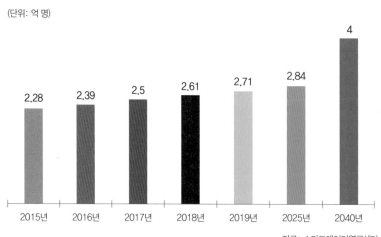

(단위: 억 명)

자료: 스마트데이터연구센터

특히 중국의 비만인구가 9,000만 명에 육박한다는 보고가 있을 만큼 경제성장의 속도만큼이나 비만인구도 빠르게 늘어난다는 점도 주목해야 한다. 서구화된 식습관으로 어린이와 청소년들의 비만이 중국의 사회 문제로 대두되고 있다.

중국 정부도 국민건강의 증진을 위해 '건강중국' 정책을 제시하며 2020년까지 중병 의료보험제도를 전면 시행하고 의료, 의료보험, 의약품 체계를 연계해 의료제도의 개선을 추진한다고 밝힌 바 있다. 이에 따라 중국의 헬스케어, 위생 등 건강 관련 산업 규모는 10조 위안한화 약 1,671조 8,000억 원 이상으로 성장할 전망이다.

건강에 대한 중국 소비자의 관심은 건강식품뿐만 아니라 웰빙 먹거리에도 집중되고 있다. 특히 도시화와 소득수준의 향상으로 건강을 지키려는 의식이 향상되고, 자국 가공식품에 대한 불신으로 '홈메이킹 주방가전'이 큰 인기를 끌고 있다.

이 가운데 가장 높은 인기를 끄는 것은 착즙기다. 한국농수산식품유통공사에 따르면 2014년 중국의 과일주스 시장은 2010년에 비해 약 72% 성장했다. 한국무역협회 국제무역연구원에 따르면 2015년 중국 내 착즙기 판매액은 7억 6,000만 위안한화 약 1,270억 7,000만 원으로 최근 5년간 연평균 23.2% 증가했다. 판매량도 2010년 176만 대에서 2015년 425만 대로 약 2.4배 늘어났다.

네 번째 유망 품목인 화장품의 온라인 시장 규모는 약 30조 원으로 최근 5년간 연평균 53%의 성장률을 기록했다. 아이리서치에 따르면 온라인에서 화장품을 구매하는 소비자의 69.7%는 종합 전자상거래 플랫폼을 이용하며, 수직 전자상거래 플랫폼 이용자는 40.9%였다.

또 기초화장품 구매자 중 71.9%는 비싸더라도 고급 제품을 선호했으며, 색조화장품 구매자 중에서는 63.8%가 고급 제품을 선호했다. 특히 기초와 색조화장품 모두 미국과 프랑스 브랜드에 대한 선호도가 가장 높았으며, 한국 제품은 점차 순위가 상승하는 것으로 나타났다.

이 밖에도 중국의 의류 시장은 2019년까지 약 3,000억 달러_{한화 약} _{336조 원}의 규모로 성장할 것으로 예상되며, 중국에 진출한 한국 브랜드는 현재까지 약 200여 개다. 바링허우와 주링허우에게 한류를 기반으로 한 드라마와 K-pop 등과 연관된 콘텐츠로 공략할 수 있으나, 다양성을 추구하는 중국 소비자의 취향을 '저격'하는 의류를 선보이기 위해서는 지역 및 연령별로 구체적인 사전조사가 선행돼야 한다. 우리나라에서 파는 옷을 그대로 가져다 매장에 진열한 후 손님을 기다리던 시대는 지났다.

앞선 네 가지 품목 외에도 한국의 중소·중견기업이 주목해야 할 부분은 영·유아용품 시장의 성장이다. 2016년부터 시행된 중국의 두 자녀 허용 정책으로 2016년 한 해 약 2,000만 명의 신생아가 태

중국 내 착즙기 판매액(량) 추이

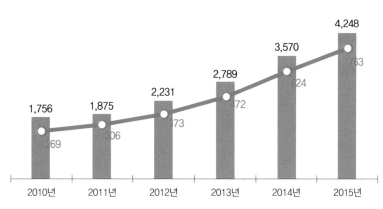

자료: 한국무역협회

중국 내 화장품의 온라인 시장 규모

자료: 아이리서치

(단위: 억 위안)

3년 만에 6배 성장

860	1,818	3,606	5,009	6,376
2013년	2014년	2015년	2016년(예상)	2017년(예상)

자료: 아이리서치

어날 것으로 예상돼 영·유아용품이 중국에서 또 하나의 유망품목으로 떠오를 것으로 보인다. 고령화가 진행돼도 영·유아 및 교육산업의 성장세가 이어지는 우리나라의 사례를 고려하면 중국의 관련 산업은 폭발적으로 성장할 전망이다.

특히 2016년 온라인 플랫폼의 영·유아용품 시장 규모는 약 5,000억 위안한화 약 83조 6,000억 원으로 3년 전보다 6배 가까이 증가할 전망이며, 이는 오프라인 시장보다 높은 성장률이다. 온라인 플랫폼 내 판매 1위 품목은 영·유아 의류와 신발이며, 장난감·기저귀·분유 등 4개 품목은 전체 영·유아용품의 63%를 차지한다.

중국 영·유아용품 온라인 시장에서는 종합 전자상거래 플랫폼뿐만 아니라 수직 전자상거래 플랫폼, 유아 커뮤니티 서비스 플랫폼 등이 운영된다. 이들 플랫폼은 대부분 바링허우와 일부 주링허우 세대의 젊은 엄마들, 이른바 '스마트맘Smart Mom'들이 이용하며 이들은 영·유아용품 시장의 주요 소비층이다.

최근 몇 년간 중국에서 발생한 영·유아용품의 품질 문제로 인해 중국 제품에 대한 신뢰도가 하락

**전자상거래 플랫폼 내
영 · 유아용품 판매 TOP 4**

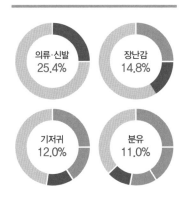

하면서 '스마트맘'들은 해외 제품에 대한 관심이 매우 높은 편이다. 이에 따라 한국의 중소·중견기업들은 수직 전자상거래 플랫폼 '베이베이貝貝'와 육아 커뮤니티 '라마방辣媽幫' 등을 이용하는 스마트맘들의 빅데이터를 분석해 중국의 온라인 영·유아용품 시장을 공략할 수 있을 것이다.

중국 O2O 플랫폼에 주목하라

중국 스마트 플랫폼의 성장과 함께 주목해야 할 분야는 O2OOn-line to Offline 산업이다. 2015년 기준 중국의 O2O 시장 규모는 약 83조 원에 달했다. 택시 호출이나 음식 배달, 상품 탐색 및 구매와 결제 등은 온라인에서 진행하고, 실질적 소비는 오프라인에서 이뤄지는 것이 O2O 서비스의 일반적 비즈니스 모델이다. 인터넷으로 오프라인의 상품이나 서비스를 구매하는 사례는 기존에도 있었지만 스마트폰의 등장 이후 구매행위가 고정된 자리, 즉 PC에서 벗어나 언제 어디서든 구매가 가능해져 O2O의 적용 범위가 비약적으로 확대되고 있다.[6]

---

6 오동환, 'O2O의 성장과 전자결제', 〈인터넷〉, 삼성증권, 2015. 9. 11.

중국의 O2O 서비스 및 이용자 연령 분포 (2015년 기준)

(단위:%)		20세 미만	20대	30대	40대	50대	60대 이상
음식	56.6	50.3	66.6	54.6	37.4	35.4	35.1
차량 공유	33.7	25.2	37.8	35.1	25.5	26.0	27.6
여행	31.7	21.2	32.1	35.2	33.0	31.0	24.7
신선식품	11.6	7.5	10.9	15.0	10.7	10.2	14.9
부동산	11.4	7.5	12.2	11.7	12.4	10.6	7.5
내부 장식	6.9	7.7	6.4	7.1	7.3	8.0	6.3
자동차	4.8	3.9	4.8	7.8	7.0	7.8	4.0
가사 관리	4.3	3.9	3.6	4.6	5.3	8.7	6.3
미용	3.0	4.4	3.0	2.5	2.0	3.5	5.7

자료: 모비인사이드

현재 중국의 O2O 시장은 주로 생활 서비스 분야에 집중돼 있다. 중국에서 가장 인기 있는 O2O 서비스는 음식 배달이며 그 외에는 차량 공유, 여행, 식품 배달 등이 있다. 특히 O2O 서비스 이용자의 대다수가 바링허우와 주링허우다. 우리의 중소·중견기업들은 새로운 마케팅 전략으로 급성장하는 중국의 O2O 서비스에도 관심을 기울여야 할 것이다. 중국은 오히려 우리나라보다 관련 서비스에 대한 규제가 약하다. 시장 규모도 크지만 단시일 내에 새로운 아이디어가 정착될 가능성이 큰 것도 사실이다.

중국 O2O 서비스의 대표적 사례는 디디추싱과 어러마이다. 디디추싱滴滴出은 중국판 우버Uber라 할 수 있는 차량 공유 서비스 플랫폼이다. 디디추싱은 2012년 설립돼 2015년 현재 이용자 수가 3억 명을 돌파했다. 시장 점유율은 85.3%로 압도적인 업계 1위다. 하루에 평균 1,100만 건의 주문이 접수되며, 2016년에는 애플로부터 10억 달러한화 약 1조 1,000억 원의 투자를 유치하기도 했다.

디디추싱이 한국의 카카오택시 서비스와 다른 점은 콜택시 서비스뿐만 아니라 P2P 차량 공유, 대리기사 서비스, 의전차량 및 전세버스 서비스 등을 제공한다는 점이다.

또 택시 호출 시에 자동으로 한 대만 호출이 되는 카카오택시와 달리 디디추싱은 사용자의 현 위치 주변의 택시들이 모두 화면에 나타난다. 한국에서는 여러 규제로 인해 택시 잡기가 힘든 경우에 가격 협상이 불법이지만 중국에서는 가능하다.

특히 중국 정부는 '차량공유 서비스업의 건전한 발전 및 개혁을 위한 지도의견'을 통해 차량 공유 서비스의 적법성을 공식적으로 인정함에 따라 향후 지속적인 성장이 예상된다. 중국의 택시에는 조수석 뒤편에 설치된 디스플레이를 통해 광고가 노출된다. 한국 기업이 디디추싱과 연계해 해당 광고를 활용할 수 있는 방법도 모색할 수 있을 것이다.

또 다른 O2O 사례는 음식 배달 서비스 '어러마俄了嗎'다. '어러마'는 중국어로 '배고프냐?'란 뜻으로, 상하이자오퉁대상해교통대 학생들이 대학생들에게 음식을 배달하는 소규모 서비스로 시작됐다. 초기 창업자 4명으로 시작해 현재는 4,000여 명의 직원을 뒀으며 2015년 거래액은 8조 원에 이른다. 하루 평균 주문 건수가 500만 건을 넘어서는 인기에 힘입어 현재 중국에서는 다수의 음식 배달 서비스 플랫폼이 운영된다.

전자상거래 플랫폼과 마찬가지로 중국 내에서 가장 인기를 끄는 음식 배달 분야 O2O 플랫폼 역시 종합 플랫폼과 세부 분야별로 서비스를 제공하는 수직 플랫폼으로 구분된다.

종합 플랫폼으로는 어러마가 있으며, 바이두가 설립한 바이두 와이마이外賣, 로시아樓下 100 등이 수직 O2O 플랫폼에 속한다.

최근에는 Online to Offline뿐만 아니라 Offline to Online 형태의 O2O 플랫폼도 빠르게 성장하고 있다. 대표적 사례인 쑤닝닷컴은 오프라인 매장에서 가전제품을 전시하고 온라인으로 구매하는 형태의 O2O 플랫폼을 운영한다.

중국의 온라인 해외 직접구매 시장도 살펴보자. 2015년 중국 1인당 평균 해외 직접구매 소비금액은 5,360위안한화 약 90만 원으로 2014년보다 13.8% 증가했다. 직접구매 품목의 비중을 살펴보면, 화장품 및 미용용품이 53.4%로 가장 많고, 분유·유아용품 47.6%, 의류 37.8%, 건강용품 34.8% 순으로 나타났다. 또 중국의 직접구매 시 비율은 미국이 가장 많았으며, 한국은 37.8%로 3위였다.

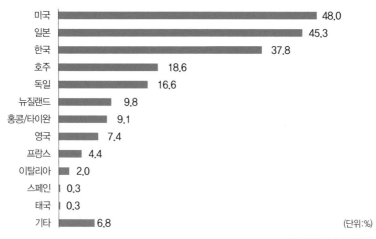

2015년 중국의 해외 직접구매 주요 대상국

국가	%
미국	48.0
일본	45.3
한국	37.8
호주	18.6
독일	16.6
뉴질랜드	9.8
홍콩/타이완	9.1
영국	7.4
프랑스	4.4
이탈리아	2.0
스페인	0.3
태국	0.3
기타	6.8

(단위:%)

자료: 중국인터넷정보센터

이처럼 중국은 스마트 플랫폼이 급성장하면서 디지털 시대를 맞이하고 있다. 디지털 시대의 도래는 소비자의 행동에도 많은 변화를 준다.[7] 디지털 소비자는 디지털 기기와 인터넷에 익숙하고 정보에 대한 욕구가 강한 집단이기 때문에 수동적 소비만을 하던 과거의 소비자와는 달리 인터넷을 통해 정보를 탐색하는 것에서 나아가 메신저, SNS를 통한 정보 교환 및 재생산을 한다는 점이 가장 큰 특징이라 할 수 있다.

자연스럽게 인터넷에 익숙한 바링허우와 주링허우 등의 20~30

---

[7] 김용준, 《China Marketing》, 박영사, 2016.

대 젊은 연령층, 새로운 문화와 기술에 관심이 많은 소비자 집단이 디지털 소비자 집단의 주를 이룬다. 타깃 측면에서는 인터넷이 사용되는 구매 행태는 물론 타인의 구매 및 소비에 대한 영향력이 높은 집단이라는 점에 주목할 필요가 있다.

중국의 디지털 소비자 역시 상기한 디지털 소비자의 일반적인 특징과 크게 다르지 않다. 다만 중국의 경우 급격한 사회 변화로 인해 잠재적 시장이 크다는 점에서 전 세계 이목이 집중되고 있다.

이에 따라 중국 디지털 소비자의 소비 행동을 분석해 그들의 마음을 사로잡는 일이 기업 입장에서는 중요하다. 어떻게, 왜, 그리고 언제 소비자들이 온라인을 통해 정보를 탐색하고 구매를 하는지 파악하는 것, 그들의 행동이 다른 쇼핑 카테고리에서는 어떻게 다른지, 그리고 오프라인과 온라인 채널의 역할에 어떻게 변화를 두는지에 대한 연구가 활발하게 진행되고 있다.

한 가지 예를 들어 보자. 중국의 온라인 쇼핑객 중 약 60%에게 인터넷은 제품, 브랜드, 가격에 대해 중요한 정보를 얻는 정보원이다. 그 외 30%의 온라인 쇼핑객들에게는 온라인과 오프라인 정보가 똑같이 중요한 정보원이다. 다른 국가의 소비자들과는 대조적으로 중국의 온라인 쇼핑객들은 회사나 브랜드의 공식적인 웹사이트에서 훨씬 적은 시간을 소비한다.

BCG에 따르면 중국 소비자들이 PC를 통해 뉴스 포털, 비디오,

전자상거래 사이트에 접속하는 시간은 전체 온라인에서 보내는 시간의 80%를 차지한다. 검색엔진, 포럼, 웨이보, 블로그 그리고 SNS 들의 비중은 나머지 20%다. 게다가 중국 소비자들은 제품의 공식적인 정보원이 제공하는 추천보다 제품을 사용한 일반 소비자들의 댓글을 더 신뢰한다. 일반 소비자를 대상으로 한 적극적인 마케팅과 우호적인 댓글의 유도도 중요한 수단일 수 있다.

중국의 온라인 쇼핑 시장은 크게 성장했지만 제품의 사후관리는 여전히 개선돼야 할 부분이다. 특히 소비자 권리의 침해나 짝퉁 제품으로 인해 소비자뿐만 아니라 판매자에게도 피해가 발생할 수 있기 때문에 중국 온라인 쇼핑 시장에 진출하고자 하는 한국 기업은 사전진출 준비뿐만 아니라 사후관리에 대한 대비책도 마련해야 할 것이다.

그렇다면 중국 소비시장에 진출하기 위한 두 번째 답은 무엇일까?

"

우리는 중국 영·유아용품 시장의 성장에도 주목해야 한다.
2016년 한 해 약 2,000만 명의 신생아가 태어날 것으로 예상돼
또 하나의 유망품목으로 떠오를 전망이기 때문이다.

2016년 온라인 플랫폼의 영·유아용품 시장 규모는
약 80조 원을 넘어설 전망이다.

"

5장

—

바이럴 마케팅을
활용하라

바이럴 마케팅은 중국에서도 통한다 │ 왕흥: 중국판 파워블로거 │

웨이상: '공유하는' 바이럴 마케팅 │ 공중호: 1:1로 커뮤니케이션하는 바이럴 마케팅 │

한국 기업의 성공사례: 레디큐 - 츄 │ 모바일 기반 바이럴 마케팅에 주목하라

"중국 소비자와의 끊임없는 교감을 통해
사업을 시작하거나 확장해야 한다."

바이럴 마케팅은 중국에서도 통한다

중국 시장 공략을 위한 두 번째 방법은 바이럴 마케팅Viral Market-ing을 활용하는 것이다. 바이럴 마케팅은 소비자들이 자발적으로 메시지를 전달하게 해 상품에 대한 긍정적 입소문을 내게 하는 마케팅 기법으로, '입소문 마케팅' 또는 '구전 마케팅'이라고도 한다. 모양이나 기능이 뛰어나고 편리하게 사용할 수 있으며 효율성과 가격 면에서도 앞서는 상품, 사람들의 눈에 잘 띄는 상품이 주요 대상이 된다.[1]

세계적으로 바이럴 마케팅은 기업의 제품 홍보에서 중요한 위치

---

1 김일석·박승배, '온라인과 바이럴 마케팅에 관한 고찰', 〈정보디자인학연구〉 12권, 한국정보디자인학회, 2008, 63면.

를 차지하고 있다. 제품의 이상이나 불량이 누적돼 이른바 '안티 팬'이 많아지면 기업에 치명적이기까지 하다.

중국에서는 바이럴 마케팅을 '병독 마케팅病毒營銷'이라고 한다. 대표적 사례로는 중국판 파워블로거인 왕홍, SNS 기반 판매상인 웨이상, 위챗 공식계정인 공중호를 통한 바이럴 마케팅 등을 예로 들 수 있다.

왕훙

중국판 파워블로거

왕훙網紅은 최근 중국에서 떠오르는 바이럴 마케팅의 대표적 수단이다. 왕훙은 온라인상의 유명인사를 뜻하는 용어로, 연예인이 아닌 일반인이 웨이신微信, 웨이보, QQ 등의 SNS를 통해 자신이 체험한 제품을 공유하는 사람들을 일컫는다. 우리에게 익숙한 '파워블로거'나 '유투버Youtuber'와 유사한 개념이다.

왕훙이 사용하고 추천하는 상품은 그대로 구매로 이어져 중국 시장의 새로운 소비 원동력으로 급부상하고 있다. 대표적인 왕훙인 파피장papi醬의 웨이보 팔로워 수는 1,400만 명으로 1,100만 명의 팔로워를 가진 한류 스타 김수현보다 많다. 파피장은 올해 초 중국의 기업들로부터 한국 돈으로 약 22억 원에 달하는 투자를 받기도 했다.

파피장은 자신의 블로그에서 1인 다역의 인터넷 개인방송을 통해

텐센트와 알리바바의 인터넷 방송 플랫폼 현황

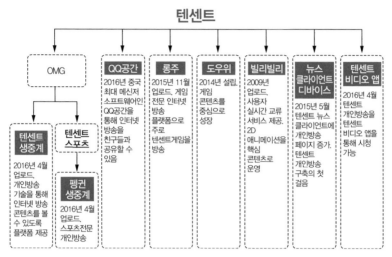

텐센트

OMG

텐센트 생중계
2016년 4월 업로드. 개인방송 기술을 통해 인터넷 방송 콘텐츠를 볼 수 있도록 플랫폼 제공

텐센트 스포츠

펭귄 생중계
2016년 4월 업로드. 스포츠전문 개인방송

QQ공간
2016년 중국 최대 메신저 소프트웨어인 QQ공간을 통해 인터넷 방송을 친구들과 공유할 수 있음

롱주
2015년 11월 업로드. 게임 전문 인터넷 방송 플랫폼으로 주로 텐센트게임을 방송

도우위
2014년 설립. 게임 콘텐츠를 중심으로 성장

빌리빌리
2009년 업로드. 사용자 실시간 교류 서비스 제공. 2D 애니메이션을 핵심 콘텐츠로 운영

뉴스 클라이언트 디바이스
2015년 5월 텐센트 뉴스 클라이언트에 개인방송 페이지 증가. 텐센트 개인방송 구축의 첫걸음

텐센트 비디오 앱
2016년 4월 텐센트 개인방송을 텐센트 비디오 앱을 통해 시청 가능

자료: 한국콘텐츠진흥원 북경사무소

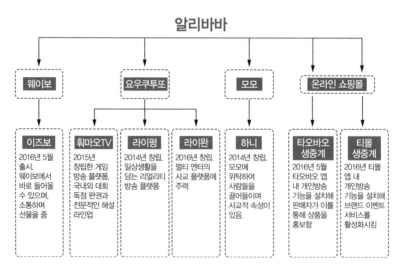

알리바바

웨이보

이즈보
2016년 5월 출시. 웨이보에서 바로 들어올 수 있으며, 소통하며 선물을 줌

요우쿠투또

휘마오TV
2015년 창립한 게임 방송 플랫폼. 국내외 대회 독점 판권과 전문적인 해설 라인업

라이펑
2014년 창립. 일상생활을 담는 리얼리티 방송 플랫폼

라이완
2016년 창립. 멀티 엔터의 사교 플랫폼에 주력

모모

하니
2014년 창립. 모모에 위탁하여 사람들을 끌어들이며 사교적 속성이 있음.

온라인 쇼핑몰

타오바오 생중계
2016년 5월 타오바오 앱 내 개인방송 기능을 설치해 판매자가 이를 통해 상품을 홍보함

티몰 생중계
2016년 5월 티몰 앱 내 개인방송 기능을 설치해 브랜드 이벤트 서비스를 활성화시킴

자료: 〈제일재경〉 상업데이터센터

큰 인기를 얻은 케이스다. 현재 중국에서는 PC나 모바일을 이용한 개인방송이 인기를 끌고 있는데, 이것이 왕훙의 주된 비즈니스 모델이기도 하다. 현재 중국 인터넷 방송 BJBroadcasting Jockey 중 대다수가 바로 이들 왕훙이다.

중국의 인터넷 방송은 알리바바와 텐센트騰訊가 주도한다. 텐센트는 소셜 네트워크를 기반으로 한 인터넷 방송이다. 반면, 알리바바가 운영 중인 타오바오 생중계와 티몰 생중계 등은 타오바오나 티몰 앱 내에서 판매자가 방송을 통해 상품을 홍보할 수 있도록 하는 서비스로 중국 온라인 쇼핑 시장에 진출하고자 하는 우리 중소·중견기업이 눈여겨볼 만한 서비스다. 적은 비용으로 제품의 홍보 효과를 극대화할 수 있기 때문이다.

왕훙의 인기에 힘입어 중국에서는 전문적으로 왕훙을 양성하는 회사도 여러 곳이다. 심지어 왕훙 선발대회도 개최된다. 회사를 통하거나 선발대회에서 뽑힌 왕훙은 기업과 손잡고 제품 홍보에 적극적으로 나선다. 이들은 파피장처럼 개인의 역량으로 유명세를 얻은 게 아니라 초기부터 왕훙이 되기 위한 교육을 받는다. 마치 연예기획사가 오디션을 통해 아이돌 가수를 발탁하고 키우는 것과 같은 방식이다.

이들의 인기 비결은 팬들과의 적극적 소통에 있다. 전통적 마케팅에서는 단순한 정보를 일방적으로 전달하는 행위가 주를 이뤘지만,

왕홍의 경우 자신이 직접 체험한 상품을 공유하는 것은 물론 궁금한 내용에 대해 질문을 받으면 적극적으로 답해 주기 때문에 체험과 공유를 중시하는 주링허우에게 인기가 높다. 그들이 추천하는 제품도 의류, 화장품뿐만 아니라 영·유아용품, 여행 상품, 온라인 게임, 금융 및 의료 서비스 등 다양하다.

왕홍이 운영하는 인터넷 쇼핑몰 및 광고 상품과 관련된 소비가 가장 많이 이뤄지는 지역 순위로는 1위 저장浙江, 2위 광둥廣東, 3위 장쑤江蘇, 4위 상하이, 5위 푸젠福建, 6위 베이징, 7위 쓰촨, 8위 후베이, 9위 산둥山東, 10위 허난 순이라고 한다.

스마트폰이나 태블릿PC 등 휴대용 기기의 보급과 확대로 왕홍의 영향력과 파급력은 급속하게 증가하고 있다. 이러한 이유로 최근에는 '왕홍경제'라는 신조어까지 등장했다. 알리바바의 온라인 전자상거래 플랫폼인 타오바오에서 여성의류 판매업체 상위 10개 중 5개가 왕홍이 창업한 곳이며, 중국 대형 증권사인 궈타이쥔안증권國泰君安證券은 왕홍경제의 비중이 의류 분야에서만 약 1,100억 위안한화 약 182조 5,000억 원 이상이라고 밝힌 바 있다. 이는 중국 온라인 의류 시장 전체의 17%에 해당하는 금액이다.

왕홍은 현재 중국에서 가장 뜨거운 경제 키워드다. 왕홍이 블로그에 제품을 추천하는 대가로 기업에게 받는 금액은 한국 돈으로 100만 원에서 1,000만 원 사이이다. 이들의 인기는 한류 스타에 버

중국 왕홍 관련 전자상거래 소비지도 (2015년 기준)

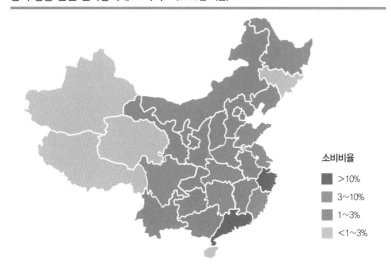

소비비율
■ >10%
■ 3~10%
■ 1~3%
□ <1~3%

금가지만 제품 광고비는 상대적으로 저렴하고 팬들의 신뢰도와 충성도가 높다는 장점이 있기 때문에 우리 기업의 새로운 온라인 마케팅 채널로도 활용 가능성이 크다. 파워블로거 등의 상업적 효과가 중국에서 극대화되는 셈이다.

로레알그룹의 화장품 브랜드인 '메이블린 뉴욕Maybelline New York'은 2016년 4월 상하이에서 가진 브랜드 론칭 행사에 광고 모델인 안젤라 베이비와 50여 명의 왕홍을 초대해 메이크업 과정을 개인방송을 통해 팬들과 공유했다. 단순한 제품 홍보가 아닌 하나의 이벤트로 소비자들이 거부감 없이 제품을 수용하도록 해 2시간 동안 조회수 500만 건을 달성하는 기록을 세웠다.

웨이상
'공유하는' 바이럴 마케팅

왕훙이 웨이보 같은 SNS를 중심으로 영향력을 확대한다면 웨이상微商은 이른바 중국판 '카카오톡'이라 할 수 있는 웨이신을 기반으로 한다. 웨이상의 초기 모델은 한국의 카카오스토리와 유사한 웨이신 내 모멘트朋友圈에서 C2C 방식인 지인 판매로 시작됐지만 최근에는 모멘트의 '공유하기' 기능을 통해 친구 목록에 없는 친구의 친구, 그 친구의 친구에게까지도 제품 홍보가 가능하다.

웨이상에서의 제품 판매는 대부분 대리판매 형태로 이뤄진다. 즉, 대리상特定 회사의 위탁을 받아 거래의 대리 및 매개를 하는 사람_편집자들이 제품을 공급받아 판매하는 방식으로 전체 웨이상의 80%에 가까운 비중이다. 하지만 최근 기업들도 웨이상에 진입하는 만큼 점차 직접판매의 비중도 늘어날 것으로 예상된다. 제품을 직접 생산하는 기업과 대리

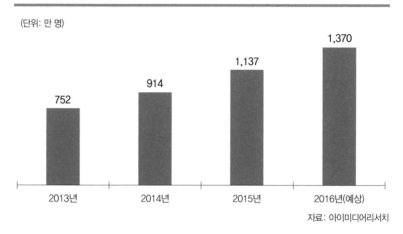

웨이상 이용자 수

(단위: 만 명)

- 2013년: 752
- 2014년: 914
- 2015년: 1,137
- 2016년(예상): 1,370

자료: 아이미디어리서치

판매상 간의 치열한 경쟁이 예고된다.

이처럼 누구나 쉽게 참여가 가능하고 특별한 비용이 필요 없다는 장점으로 웨이상은 연간 약 11조 원 규모의 시장으로 성장했으며, 이용자 수는 1,000만 명을 넘어섰다. 웨이상 이용자 중 88%가 20~30대, 즉 바링허우와 주링허우로 나타났다.

웨이상을 통한 마케팅의 성공 비결은 등록된 친구 수의 많고 적음이 중요한 것이 아니라 적은 수의 친구를 활용해 '공유하기' 기능을 최대한 활성화한 것이다.

최근 중국에서 부는 창업 열풍과 함께 웨이상은 쉽게 사업을 시작할 수 있는 창업 수단이다. 현재 웨이상들은 온라인 플랫폼이 가지는 장점인 시공간의 제약을 받지 않으며, 별도의 오프라인 매장이 필요 없어 중국에서 새롭게 부상하는 신흥 소비시장인 2·3선 도시에서 활발하게 활동한다.

이제 막 중국에 진출하려는 기업이라면 우선 한국에서 웨이신에 가입하고 등록한 중국 친구를 대상으로 제품 소개를 시작할 수 있다. 관련 정보가 마음에 든다면 등록된 친구가 '공유'를 할 것이고, 그 제품이 다른 중국인에게 알려지는 것이다. 중국의 최대 가전유통회사인 쑤닝닷컴은 자사 직원에게 웨이상을 이용해 제품 홍보를 하면 인센티브를 주는 제도도 시행한다.

하지만 최근에는 웨이상들이 웨이신 모멘트로 무분별한 판촉 활동을 벌여 주변 사람들에게 불쾌감을 주는 사례도 급증했다고 한다. 중국 인터넷정보센터CNNIC의 2015년 〈중국 온라인 쇼핑 시장 보고서〉에 따르면 '공유하기' 기능을 통해 간접적으로 연결된 사람들의 과도한 판매 행위로 인해 전체 응답자 중 약 60%만이 모멘트 활용 마케팅을 허용한다고 답하기도 했다. 일방적이고 노골적인 홍보보다는 보다 전략적인 접근 방식으로 바꿔야 한다.

공중호

1:1로 커뮤니케이션하는 바이럴 마케팅

공중호公衆號는 웨이신 한국어 버전에서 공식계정으로 표시되는 항목이다. 왕홍과 웨이상이 대부분 C2C를 기반으로 한다면, 공중호는 B2C의 온라인 플랫폼이다. 공중호를 통해 정보나 뉴스 등을 공유할 수 있으며, 기업 입장에서는 효과적 온라인 마케팅 수단으로 공중호를 활용할 수 있다.

웨이신 내의 공중호는 2015년 기준 약 850만 개이며, 하루 평균 2만 5,000개씩 증가하고 있다. 공중호는 기업이 고객을 대상으로 제공하는 서비스에 최적화된 '서비스 계정'과 정기적인 정보 전달에 최적화된 '구독 계정'으로 구분된다. 기업이 웨이신에서 공중호를 개설하면 웨이신 사용자는 자신이 원하는 계정을 팔로우해 1:1의 관계를 형성할 수 있다. 고객과의 직접적인 커뮤니케이션 외에도 공중호를 통해 기업은 제품 홍보에 대한 텍스트뿐만 아니라 이미지, 사운드, 영상까지 전달이 가능하고, '공유하기' 기능을 통해 효과적으로 바이럴 마케팅을 펼칠 수 있다.

공중호는 기업이나 개인 누구나 계정을 만들어 참여할 수 있다. 과거에는 중국에 등록된 법인만 이용할 수 있었지만, 2016년 3월부터 해외사업자도 개설할 수 있다. 약 7억 명에 달하는 웨이신 사용자에게 직접적으로 제품을 소개할 수 있기 때문에 우리 중소·중견 기업에 매력적인 마케팅 플랫폼이라 할 수 있다.

현재 삼성전자, 아모레퍼시픽, LG생활건강 등 한국의 대기업들도 공중호를 통해 중국 내 마케팅을 진행한다. 벤처기업으로는 한국 여행 플랫폼인 '짜이서울在首尔' 등이 활발하게 공중호를 운영한다.

한 가지 유의할 점은 일반 제품과 마찬가지로 짝퉁 플랫폼이 생겨날 수 있다는 것이다. 그렇기 때문에 실시간 관리에 집중해야 한다. 관리 소홀로 인해 짝퉁 플랫폼보다 못한 정보와 업데이트 등이 진행된다면 고객에게 신뢰를 주는 플랫폼으로 어필하기 어려우며, 빠르게 스쳐 지나가는 이용자를 붙잡을 수 없을 것이다.

한국 기업의 성공사례

레디큐-츄

바이럴 마케팅을 통해 중국에서 성공한 한국 제품의 대표적 사례는 한독약품 '레디큐-츄'다. 레디큐-츄는 왕홍을 통해 한국 방문 시 필수 쇼핑 품목으로 자리 잡았다. 체험 공유에 대한 신뢰도가 높은 중국 소비자들은 맛있고 휴대가 간편한 '숙취사탕'이라는 입소문을 듣고 레디큐-츄를 구매하기 시작한 것이다.

최근 한국을 방문하는 요우커를 중심으로 매출이 급증한 레디큐-츄는 2016년 5월에 10억 원의 매출을 올리기도 했다. 이는 2015년 전체 매출액 대비 두 배에 해당하는 금액이며, 전년 대비 1,700% 이상 성장한 것이다.

요우커 공략에 성공한 레디큐-츄는 인천공항 내 신세계와 SM면세점을 비롯해 신라·롯데면세점 등에 입점하며 유통 채널을 더욱 확대했다. 레디큐-츄는 숙취해소 제품으로는 유일하게 국내 면세점에 입점한 사례가 됐다.

만약 여행 전문 플랫폼의 여행지 소개 카테고리를 통해 한국 방문 시 구입해야 하는 아이디어 제품을 소개한다면 레디큐-츄와 같은 성공적인 바이럴 마케팅 사례가 될 수 있을 것이다.

모바일 기반 바이럴 마케팅에
주목하라

바이럴 마케팅은 SNS, 동영상, 게임 등의 모바일 광고를 기반으로 한다. 중국의 2015년 모바일 광고 시장은 전체 온라인 광고 중 43%를 차지하며, 시장 규모는 약 901억 위안한화 약 15조 764억 원 규모로 전년 대비 178% 증가했다. 2018년까지 시장 규모는 세 배 이상 증가할 것으로 예상된다.

중국의 모바일 광고는 아직까지 텍스트를 기본으로 한 광고가 약 55%를 차지한다.[2] 한국의 경우 스마트폰이 일반적으로 사용되는 반면, 중국에는 아직까지 피처폰 유저가 많기 때문이다. 점차 중국의 스마트폰 보급률이 증가하고, 모바일 인터넷 환경이 개선된다면

---

2 김용준, 《China Marketing》, 박영사, 2016.

중국 모바일 마케팅 시장 규모 및 성장률 (영업이익 기준)

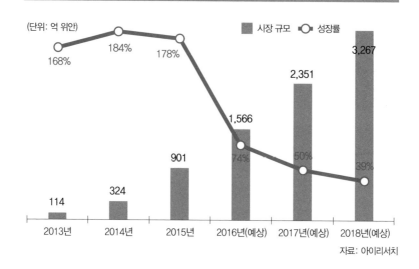

(단위: 억 위안)

■ 시장 규모 ○ 성장률

- 168%
- 184%
- 178%
- 74%
- 50%
- 39%

- 114 (2013년)
- 324 (2014년)
- 901 (2015년)
- 1,566 (2016년(예상))
- 2,351 (2017년(예상))
- 3,267 (2018년(예상))

자료: 아이리서치

앞으로 텍스트 광고는 줄고, 모바일 동영상 광고가 증가할 것으로 보인다.

중국에 진출하고자 하는 한국의 중소·중견기업이 TV와 인터넷, 모바일 등의 플랫폼 중 어디에 광고를 할 것인지 고민하는 상황이라면 타깃 소비자가 누구인지가 중요한 문제가 될 것이다. 어렵게 중국 시장에 진출하고도 과도한 마케팅 비용을 들이거나 마케팅 효과를 거두지 못할 가능성을 줄여야 한다. 예를 들어 타깃이 청소년, 바링허우, 주링허우일 때에는 모바일 광고가 인터넷이나 TV보다 더 효과적일 수 있다는 점을 명심해야 한다. 이러한 소비자들은 다양하고 새로운 디지털 미디어를 사용해 정보를 접할 뿐만 아니라 모바일을 기반으로 한 소비문화가 생활화됐기 때문이다.

또한, 지역별로 차이가 나는 소비성향이나 수준을 고려한 마케팅 수단을 고려해야 한다. 앞에서도 강조했지만, 중국 전역을 대상으로 똑같은 전략을 사용해서는 결코 성공할 수 없다. 중국의 넓은 면적과 많은 인구, 다양한 민족 구성을 고려해서 공략하고자 하는 대상을 확실히 정한 후에 공략 대상의 소비성향과 수준을 고려한 '맞춤형' 마케팅 수단이 필요한 것이다.

new **CHINA**
DREAM

6장

서비스 기업은
합작하라

중국도 이제 서비스 산업의 시대다 │ 한국 기업의 성공사례: 바디텍메드, 미스터피자 │

막강한 잠재력을 가진 중국의 문화 산업

"중국 시장을 개척하려는 기업엔

중국 파트너와의 협력이 전략적 도구가 될 수 있다."

중국도 이제 서비스 산업의 시대다

지금까지 살펴본 소비재시장 외에 우리가 중국에서 주목해야 할 분야는 서비스 시장이다. 중국과 한국은 제조업 중심의 수출 주도형 국가지만, 최근 그 한계가 뚜렷하다. 중국 내에서도 국영기업의 도산 등 끝 모를 성장세만 보일 줄 알았던 제조업에서 구조조정이 벌어지고 있다. 이러한 상황에서 서비스 산업은 새로운 경제성장 동력으로써 양국이 중점적으로 육성할 필요가 있는 산업이기도 하다. 특히 중국은 GDP 대비 서비스 산업 비중이 빠르게 증가해 다른 산업보다 서비스 산업은 성장 잠재력이 가장 큰 분야다.

한국도 최근 서비스산업발전기본법 제정을 추진하는 등 국가 차원의 체계적인 서비스 산업 발전을 위해 노력 중이다. 이에 따라 한국과 중국은 서비스 산업에서 유사한 상황에 놓여 있으며, 협력해

한국의 산업별 대중국 투자액

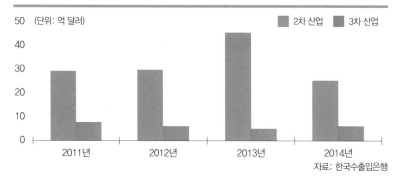

자료: 한국수출입은행

한국 서비스 기업의 중국 진출 형태 (2015년 기준)

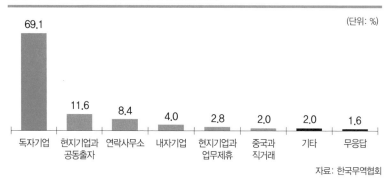

자료: 한국무역협회

공생할 수 있는 여지가 매우 크다. 특히 중국 내 소득 증가와 두 자녀 허용 정책, 고령화 사회 진입 등으로 교육, 문화, 의료, 헬스케어 등 관련 서비스에 대한 수요도 빠르게 증가할 것으로 예상된다.

과거 한국의 중소·중견기업들은 대기업의 동반성장 파트너 자격으로 중국에 독자 진출한 경우가 많았다. 하지만 중국 시장에 대한 이해와 현지화 능력 부족으로 많은 기업들이 진입장벽을 넘지 못하

중국의 새로운 소비 트렌드와 소비자 유형

업종	주요 애로사항	경영상의 조언
프랜차이즈	• 높은 임대료 • 정보력 부족 • 직원 이직	• 한인 관리자의 현지 행정업무의 직접수행 필요 • 마스터 프랜차이즈 방식에 대한 맹신 금물 • 현지 식문화에 대한 선이해 필요
물류/운송	• 가격경쟁 격화 • 증치세(부가가치세) 부과	• 고부가가치 물류 서비스 수요 확대 전망 • 기존 한국계 고객이 아닌 현지시장 공략 필요
의료	• 국내법 미비 • 현지 고객 확보 • 파트너 · 인력 관리	• 한국과 다른 의료 환경 및 관행에 대비 • 중국 중앙 · 지방정부의 의료 정책 변화 주시 • 동부지역→내륙지역으로 도전 필요
IT	• 지식재산권 보호 • 업체 간 출혈경쟁	• 중국 기술 수준이 우수하므로 차별화된 기술력 준비 • 군소업체 간 수직계열화도 하나의 방안
생활서비스	• 우수인력 확보 • 행정처리 지연	• 중국 소비자의 소득 향상 → 생활 서비스 수요 증가 • 한류의 긍정적 이미지가 성공적 진출에 기여
교육	• 대기업 레퍼런스 확보	• 성인 대상 이러닝 산업의 전망이 매우 밝음 • 한국에서 인정받은 콘텐츠라도 반드시 현지화
사업서비스	• 후진적 상(商)관행	• (컨설팅업) 진출 시 컨설팅(대기업, 중소기업)의 이원화 전략 구사
건설/ 엔지니어링	• 전문적 역량을 지닌 파트너 발굴	• 회사 내 핵심인력 부족을 화교 인재로 해결

자료: 현대경제연구원

고 좌절했다. 현재 중국에 진출한 한국의 서비스 기업은 독자기업이 68%로 여전히 가장 많은 비중을 차지하며 합작기업은 11.6%에 불과한 실정이다. 서비스업의 경우 현지화가 필수인 만큼 합작진출을 통해야 중국 시장을 공략할 수 있을 것이다. 합작을 통해 현지화에 걸리는 시간을 단축하고 시행착오를 줄일 수 있기 때문이다.

또한 그동안 중국에 대한 서비스 업종별 투자는 50만 달러_{한화 약 5억 6,000만 원} 미만이 대부분으로 소규모 투자가 가장 큰 비중을 차지한다. 한국의 서비스 산업 발전의 필요성과 중국의 서비스 산업 발전 가능성을 놓고 본다면 점진적으로 투자 규모를 확대할 필요가 있을 것이다.

한국무역협회에서는 중국에 진출한 한국 기업들을 대상으로 업종별 현지 경영상의 애로사항과 후발업체에 대한 조언을 조사했다. 그 결과 기업들은 중국 시장에 대한 정보 부족, 전문 인력의 확보의 어려움, 지적재산권 문제 등을 주요 애로사항으로 꼽았다. 무역협회는 신흥 지역으로 진출할 시 현지시장의 문화에 대한 선행적 이해, 화교 활용 등을 조언했다.

한국 기업의 성공사례

바디텍메드, 미스터피자

서비스업 중 합작진출로 성공한 대표적 사례는 의료용 체외 진단 기기 전문업체인 바디텍메드다. R&D 역량을 통한 기술력을 내세워 세계 70여 개국 수출 및 중국 내 '현장분석POCT' 진단 단일시약 기준으로 시장 점유율 1위다.

바디텍메드는 해외 전시회를 빼놓지 않고 다닌 결과 현재의 중국 파트너를 만났다. 한국 기업은 기술 개발에 집중했고, 중국 합작 파트너는 시장 개발에 집중해 현지화와 유통 네트워크를 구축했다.

바디텍메드는 자사의 성공 비결이 상호 신뢰를 바탕으로 한 상호 이익 창출에 있다고 밝혔다. 상호 간의 문화적 차이를 이해하고 서로 노력한 결과 사업상의 의견 차이가 줄어들며 실적 향상으로 이어졌다. 바디텍메드와 같은 중견·중소기업이 기술 개발과 함께 현지

성공적인 합작 사례: 미스터피자

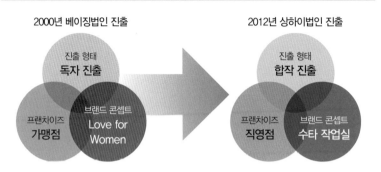

2000년 베이징법인 진출

진출 형태
독자 진출

프랜차이즈
가맹점

브랜드 콘셉트
Love for Women

2012년 상하이법인 진출

진출 형태
합작 진출

프랜차이즈
직영점

브랜드 콘셉트
수타 작업실

자료: 한국수출입은행

화 작업까지 동시에 수행하기는 만만치 않았을 것이다.

또 다른 성공사례는 실패와 성공을 거듭한 미스터피자다. 미스터피자는 2000년 중국에 독자 진출했지만 한국의 운영 방식을 그대로 적용해 실패를 경험했다.

2012년 미스터피자는 합작 파트너와 함께 상하이를 거점으로 재진출했다. 중국인이 선호하는 인테리어와 메뉴 개발에 집중했으며, 오픈형 수타 작업실로 위생적이고 '건강한 피자' 이미지를 강조했다. 이러한 노력은 매출액 증가로 이어졌다. 미스터피자의 성공 요인은 합작 파트너와 함께 중국 소비자의 취향을 파악하고 이를 점포 운영에 적용한 데 있다.

물론 최근 한국에 진출한 외국계 외식 프랜차이즈 회사들이 초기의 성공이 무색하게 연이어 매물로 나오는 것을 보면 끊임없는 메뉴

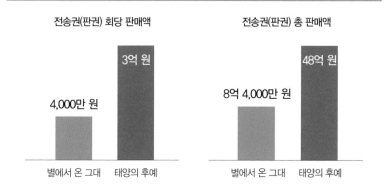

〈태양의 후예〉와 〈별에서 온 그대〉의 합작 시기에 따른 성과 비교

전송권(판권) 회당 판매액

3억 원

4,000만 원

별에서 온 그대   태양의 후예

전송권(판권) 총 판매액

48억 원

8억 4,000만 원

별에서 온 그대   태양의 후예

개발과 합리적인 가격 유지도 중요한 성공 포인트라고 할 수 있다.

문화 산업의 경우 초기 기획 단계에서부터 합작을 고려해야 한다. 드라마 〈태양의 후예〉는 '온라인 조회 수 30억 뷰'라는 진기록을 세우며 〈별에서 온 그대〉에 이어 한국 드라마 열풍의 중심에 섰다. 그렇다면 이 두 드라마의 차이는 무엇일까?

두 드라마는 합작 시기에 차이가 있다. 〈별에서 온 그대〉는 드라마가 성공하기 전에 합작했으며, 〈태양의 후예〉는 초기 기획 단계에서부터 합작했다. 합작 시기에 따라 두 드라마의 성과에는 격차가 발생했다.

〈별에서 온 그대〉는 아시아를 중심으로 15개국에 판권을 판매했지만 〈태양의 후예〉는 아시아뿐만 아니라 영국, 프랑스, 이탈리아 등 32개국에 판권을 판매하는 기록을 세웠다. 총 판권 판매액에서도

〈별에서 온 그대〉가 8억 4,000만 원을 벌어들인 반면, 〈태양의 후예〉는 다섯 배 이상인 48억 원을 벌어들였다.

제작 초기부터 합작할 경우, 중국 측 파트너가 유통과 판매 전략을 수립하는 것이 더욱 쉬울 것이다. 또한 보다 적극적인 상호 파트너십도 끌어낼 수 있다는 장점도 있다.

막강한 잠재력을 가진
중국의 문화 산업

    드라마뿐만 아니라 중국 문화 산업 성장 잠재력은 매우 크다. 중국 문화 산업의 연평균 성장률은 11%로, 세계 최고 규모의 문화 미디어 국가인 미국의 평균 성장률인 4.8%를 크게 상회한다. 중국 문화 산업의 부가가치는 향후 두 배 이상 늘어나고 박스오피스_{영화 흥행 수익}는 연간 성장률 30%를 돌파해 2017년에는 미국을 추월할 것으로 전망된다. 중국의 문화 콘텐츠 수요를 이끄는 젊은 세대들은 다양한 미디어를 활용해 빠르게 유행을 습득하고 있다.

    그 결과 최근에는 전통 미디어와 뉴미디어의 융합을 통한 발전이 두드러진다. 기존의 출판, 라디오, 영화, TV 등이 온라인 출판, 인터넷 TV, 온라인 동영상, 모바일 인터넷 동영상 등으로 사업이 확장되기 때문이다.

중국과 미국의 문화 산업 비교

구분	중국	미국
연 평균 성장률 (2013~2018년 예상)	10.9%	4.8%
GDP 대비 문화산업 부가가치 비중	3.8% (0.4조 달러)	6.0% (1.07조 달러)
박스오피스	67억 달러	104억 달러

자료: KAIST 정보미디어연구센터, 중국문화산업투자기금

중국의 영화 시장 관객 수 추이

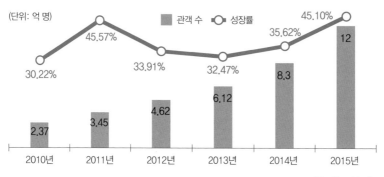

자료: 엔트그룹, 델코

중국의 영화관 수 및 스크린 수

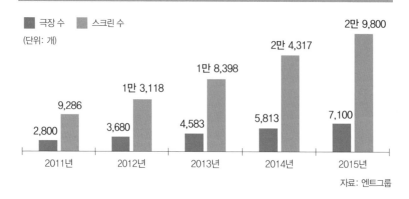

자료: 엔트그룹

중국 문화 산업의 성장 가능성은 CJ CGV의 사례를 통해 확인할 수 있다. 2016년 1분기에 관객 1,000만 명을 돌파했으며, 최근 3년 동안 연평균 성장률이 44%에 이른다. 이는 중국 영화 시장의 빠른 성장에 기인한다. 중국의 박스오피스는 2015년 기준 약 8조 원을 넘어섰으며, 한국의 네 배에 해당하는 규모다. 영화 관객 수도 2010년 약 2억 명이었던 것에 비해 5년 사이 10억 명 이상 폭발적으로 증가했다.

최근에는 중국 1선 도시의 영화관이 포화 상태에 이르면서 영화관 투자가 2·3선 이하 도시로 확대되는 추세다. 2014년 새로 건설된 1,234개 영화관 중 베이징, 상하이, 광저우, 선전 등 1선 도시 4곳을 제외하고 2·3선 도시에 총 803개의 영화관이 세워져 전체의 65%를 차지했으며, 1선 도시의 영화관 수는 전체의 10%에 불과했다.[1]

이러한 상황에서 CJ CGV의 성공 요인은 중국 전역의 부동산 개발업체와 전략적으로 제휴해 입지가 좋은 2·3선 도시로 진출했다는 데 있다. 또 알리바바·텐센트·바이두이하 ATB 등 중국의 인터넷 기업과 협업해 온라인 플랫폼을 적극 활용했다는 점도 성공 요인 중 하나로 꼽힌다.

---

1 엔트그룹(2015), 〈2014~2015년 중국 영화 산업 연구보고〉.

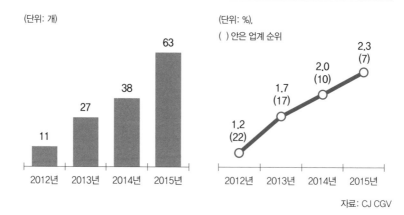

CJ CGV 중국 점포 수 추이	CJ CGV 중국 영화시장 점유율

(단위: 개)

(단위: %),
( )안은 업계 순위

CJ CGV 중국 점포 수 추이: 2012년 11, 2013년 27, 2014년 38, 2015년 63

CJ CGV 중국 영화시장 점유율: 2012년 1.2 (22), 2013년 1.7 (17), 2014년 2.0 (10), 2015년 2.3 (7)

자료: CJ CGV

　　ATB는 각 기업이 우위를 점하는 온라인 비즈니스 모델을 바탕으로 영화 산업에 적극 진출하고 있다.[2] 알리바바는 62억 4,400만 홍콩달러한화 약 9,014억 5,000만 원라는 거금을 들여 홍콩의 미디어 그룹인 차이나비전미디어文化中國를 인수하고 사명을 '알리바바픽처스'로 바꿨다. 차이나필름 출신의 장창張強을 수장으로 한 새로운 경영진을 꾸리는 한편, 크라우드펀딩 방식의 엔터테인먼트 투자 펀드인 '위러바오娛樂寶'를 통해 영화 투자 자금도 유치했다. 이와 함께 모바일을 중심으로 한 온라인 영화 티켓 판매 사업에도 진출했다.

2　엔트그룹(2015), 〈2014~2015년 중국 영화 산업 연구보고〉.

ATB의 영화사업 현황

개요	알리바바	텐센트	바이두
발전 기반	전자상거래 플랫폼 결제 사업	인스턴트 메신저 SNS게임 사업	온라인 검색 랜딩페이지 사업
발전 현황 **발전 주체**	알리필름(인수) 허이필름 (유쿠/투더우 지분 참여)	텐센트 무비플러스 (사업부)	아이치이 모션픽쳐스/ 바이두필름 (내부 조직)
콘텐츠 제작	차이나비전, 저우싱츠 등과 합작 협의, 온라인 영화	텐센트 저작권 개발	화처아이치이
홍보 마케팅 자원	위러바오, 타오바오 영화, 마오옌 영화, 시나블로그	위챗영화, QQ영화, 다중뎬핑, 위챗	바이파 유시, 뉘미왕
뉴미디어 채널	유쿠, 투더우	텐센트 비디오	아이치이/PPS
발전 목표	전자상거래 모델 파생 + 엔터테인먼트 투자 배치 협력	사용자 현금화 + 인터랙티브 엔터테인먼트 개선 + 동영상 플랫폼 수요	빅데이터 트래픽 현금화 + 동영상 콘텐츠 수요
발전 특징	비즈니스-B2C, C2C, O2O 등 모델 복제	엔터테인먼트-SNS 사용자 중심	기술-인터넷 검색과 동영상 기술 기반

자료: 엔트그룹

7장
—
중국발 한상기업을
육성하라

펑타이: 한국 디지털 시장의 교두보 | **카라카라: 한국의 기술, 중국의 가격으로 승부한다** |
에이컴메이트: 중국 내 한국 상품의 최대 유통 채널

"한국의 지적자본과 중국의 투자자본을 결합해
중국 내수시장을 공략해야 한다."

펑타이
한국 디지털 시장의 교두보

중국 시장 공략을 위한 또 다른 해답은 중국발 한상기업이다. 중국발 한상기업이란 한국의 지적자본과 중국의 투자자본이 결합해 창업 초기 단계부터 중국 내수시장 공략을 목표로 하는 스타트업을 의미한다.

특히, 중국 내 거점지역 확보에 목표를 두고 사업 초기에 현지시장 분석에 집중한다는 특징이 있다. 국내 기업의 중국 서비스시장 진출 방안인 수출, 직접투자, 합작 등과 함께 중국발 한상기업은 '제4의 대안'이 될 것으로 예상된다.

중국발 한상기업의 대표 사례는 펑타이鵬泰다. 중국 내 디지털 마케팅 및 광고대행사인 펑타이는 글로벌 기업 간의 경쟁이 치열한 중

국의 광고 시장에서 2014년부터 연속 3위다. 펑타이는 2000년 9월 홍콩에서 설립돼 그해 11월부터 베이징에서 본격적으로 사업을 시작했다.

2000년 베이징에 본사를 설립한 이래 상하이, 광저우, 홍콩, 타이완까지 중화권 5대 거점을 확보했으며, 현지 중국인 직원 850명을 포함한 총 직원 수는 1,000명에 달한다. 초기부터 중국 로컬 서비스 업체와 지속적으로 관계를 가지며 철저히 현지화에 나선 결과, 구글 등 글로벌 인터넷 기업과 차별화를 꾀할 수 있었다. [1]

펑타이의 성공 요인은 한국 디지털 시장의 교두보 역할에 성공한 데 있다. 펑타이는 한국에서 유일하게 '바이두 자격증百度認證'을 취득한 인력들을 확보하고 있다. '바이두 자격증'이란 바이두가 세계 최

---

1 김용준, 《China Marketing》, 박영사, 2016.

대의 중문 검색엔진이란 자부심과 영향력을 바탕으로 온라인 마케팅, 데이터 분석, 아이디 관리 등 업무에 대한 평가를 통해 부여하는 자격증을 말한다.

펑타이는 중국 1위 검색엔진 바이두의 국내 총 대행 업무와 2·3위 검색엔진의 독점 영업권을 확보하고 있으며 최대 300여 곳의 클라이언트를 보유하고 있다.

카라카라
한국의 기술, 중국의 가격으로 승부한다

중국발 한상기업의 또 다른 사례는 화장품 유통업체인 '카라카라 KALAKALA'다. 카라카라의 성공 요인은 '한국의 기술, 중국의 가격'이라는 슬로건 아래 광고·과대포장·중간유통이 없는 3무無 전략으로 비용을 절감해 원가우위를 달성한 것이다. 원가의 절감을 통해 한국식 서비스와 고품질의 제품을 중저가에 제공할 수 있는 것이다.

카라카라의 또 다른 성공 요인은 합리적 소비자를 공략했다는 점이다. 자기가 직접 경험해야 믿는 중국 소비자들의 특성상 중국에서의 마케팅에서 입소문이 중요함은 앞서 언급한 바 있다. 카라카라는 품질이 좋고 가격이 저렴한 한국 화장품이라는 입소문 광고를 통해 중간유통이 없는 유통의 혁명을 이룰 수 있었다.

일반적으로 가격의 높고 낮음은 유통 구조에도 영향을 받는다.

유통가격이 높으면 백화점이나 전문매장에서 판매되고, 유통가격이 낮으면 할인매장 혹은 로드숍에서 판매가 이뤄진다. 카라카라 역시 본사에서 직접 로드숍으로 유통하는 방식으로 유통비를 절감했다. 또한 광고와 유통에서 비용을 절감하는 것 외에도 제품의 품질과 관련이 없는 과대포장도 없애 비용을 낮췄다.

에이컴메이트
중국 내 한국 상품의 최대 유통 채널

온라인 플랫폼 기업 중에서 대표적인 중국발 한상기업은 바로 '에이컴메이트ACCOMMATE'다. 에이컴메이트는 'Accompany동행하다'와 'mate친구'의 합성어로 '홀로 설 수 없는 비즈니스의 환경에서 파트너와 함께 걸어가는 기업이 되자'는 의미다. 에이컴메이트는 중국 온라인 시장에서 한국의 우수한 상품을 소개하고 판매하는 전자상거래 서비스 플랫폼의 메신저 역할을 한다.

중국 내 한국 상품의 최대 유통 채널인 에이컴메이트는 중국 온라인을 통한 글로벌 유통 채널을 보유하고 있다. 아시아 최대 인터넷 쇼핑몰인 타오바오 한국관korea.tmall.com 내 패션 부문 독점계약 체결, 한국 브랜드의 대표적인 중국 판매채널인 B2B 쇼핑몰 '더제이미닷컴thejamy.com', 구매대행 사이트 '고우포유gou4u.com' 등의 플랫폼을 운영한다.

에이컴메이트는 구매 전 상품의 확인 및 궁금증 해소가 필수적인 중국 소비자를 위해 365일 온라인 상담 및 VIP 전용 상담 창구를 운영하며 중국에 진출한 한국 기업의 애로사항 중 하나인 지적재산권 보호를 위해 알리바바와 업무협약을 통해 신속히 대처한다. 에이컴메이트는 2016년 상반기에 거래액 445억 원을 달성해 전년 대비 157%의 성장을 기록했다.

new **C H I N A**
D R E A M

8장

한류노믹스를
구축하라

한류 1.0에서 한류 3.0으로 | 한국 기업의 성공사례: 아이웨딩, 로보로보 |

의료 산업, 인테리어, 문화 산업 합작에 주목하라

"한류를 활용해
중국인들의 감성을 자극하는 마케팅을 구사해야 한다."

한류 1.0에서 한류 3.0으로

중국 시장의 진출을 위해서는 '한류노믹스'를 구축해야 한다. 한류는 '한류 1.0'으로 대표되는 드라마 및 K-pop에서 시작해 게임, 영화 등의 확산으로 대표되는 '한류 2.0', 다각적이고 전반적인 문화의 한류를 의미하는 '한류 3.0'으로 발전하고 있다.

한류는 문화 콘텐츠 수출이 근간이지만 다른 산업의 수출에도 영향을 미치고 경제적 효과뿐만 아니라 문화의 확산에 따른 다양한 비경제적 효과도 유도한다. 한국의 중소·중견기업은 '한류 1.0'에서 '한류 3.0'까지 축적된 한류 파워를 활용해 중국 서비스시장 진출을 모색해야 한다.

한류노믹스란 한류가 단순하고 일시적인 유행과 같은 현상에 머무는 것이 아니라 한국의 정체성을 바탕으로 하는 한국 문화가 자연

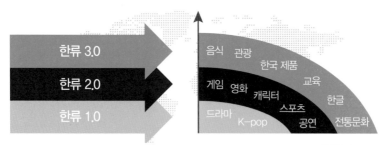

자료: 한국콘텐츠진흥원

중국 검색엔진상의 한류 검색 추이 / 한류 관련 소비재 수출 추이

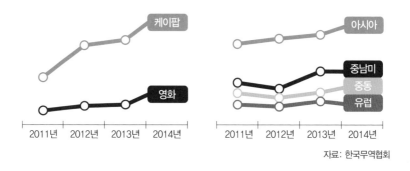

자료: 한국무역협회

스럽게 현지화돼 지속 가능한 문화로 작용하는 것을 의미한다.

그렇다면 한류는 아직 유효한 것일까? 한국무역협회 자료에 따르면 중국 내 검색엔진에서 K-pop과 한국 영화에 대한 검색 추이는 지속적으로 증가하고 있다. 그리고 한류와 관련된 소비재도 다른 국가와 달리 아시아 국가에서는 수출이 증가하는 사실을 알 수 있다. 한류 스타들이 드라마 등에서 입는 옷이나 가방, 배경이 되는 점포

신한류 사이클

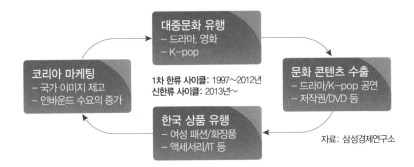

- 대중문화 유행
  - 드라마, 영화
  - K-pop

- 코리아 마케팅
  - 국가 이미지 제고
  - 인바운드 수요의 증가

1차 한류 사이클: 1997~2012년
신한류 사이클: 2013년~

- 문화 콘텐츠 수출
  - 드라마/K-pop 공연
  - 저작권/DVD 등

- 한국 상품 유행
  - 여성 패션/화장품
  - 액세서리/IT 등

자료: 삼성경제연구소

까지 유행을 선도한다.

중국에서 불어오는 신한류 열풍은 일시적인 미풍으로 그치지 않을 것이다.[1] 지난 15년간의 문화 콘텐츠 산업 성장을 근간으로 한 역사상 가장 위력적인 신한류 열풍을 만들 가능성이 커졌다. 초기의 한류 사이클이 1997년부터 2012년까지였다면 이제는 신한류 사이클의 시기다.

한류 확산 사이클은 ① 대중문화 유행 → ② 문화 콘텐츠 수출의 확대 → ③ 한국 상품의 유행 → ④ 한국 마케팅으로 연결되는 구조인데 한 차례 사이클이 지나고 이제부터 신한류 사이클이 시작되고 있다. 이처럼 한류가 성공하는 데는 한국만의 세련되고 독특한 콘텐츠, 한국 특유의 정보기술과 SNS의 영향이 컸다.

---

1 김용준, 《China Marketing》, 박영사, 2016.

한국 기업의 성공사례

아이웨딩, **로보로보**

　한류를 활용해 중국 생활서비스 산업에 진출하는 기업들이 있는데 대표적으로는 스튜디오, 드레스, 메이크업 등의 토털 웨딩케어를 제공하는 전문업체인 아이웨딩이 있다. 2000년에 오픈한 아이웨딩은 체계적으로 결혼식의 전 과정을 관리하는 서비스업체가 당시에는 없었음에 착안해 설립됐다.

　중국 웨딩시장의 규모는 약 100조 원이며, 한 해 2,000만 명이 결혼한다. 한국 드라마의 영향으로 '한국식 웨딩'에 대한 수요도 매우 높다. 아이웨딩은 한류 스타를 활용한 한국적 감각의 서비스를 제공한다. 웨딩 서비스와 함께 한복 구매, 예물, 성형 등 관련 서비스도 제공하며, 중국 최대의 웨딩촬영 업체와 합작해 중국 소비자 공략에 박차를 가하고 있다.

한류를 활용한 또 다른 사례로는 한국식 교육을 활용해 생활서비스 분야에 진출한 '로보로보'가 있다. 로보로보는 2000년 설립된 국내 방과 후 학교 교육용 로봇을 제조하는 기업이다. 로봇을 조작하는 프로그램을 과외교사가 어린이에게 가르치는 교육서비스다. 한국 못지않게 교육열이 높은 중국의 사교육 시장은 성장 잠재력이 매우 크다. 중국의 대학입시 경쟁과 사회적 관심은 우리나라를 능가한다. 조기교육의 열풍도 우리나라 못지않다.

로보로보는 2015년에는 100억 원의 매출을 달성했는데, 그중 해외 매출의 93.5%를 중국에서 거뒀다. 로보로보는 베이징 로보로보 교육과학기술회사와 10년간의 장기계약을 체결했으며, 중국 최대의 교육회사인 신동방과 MOU를 체결하기도 했다.

로보로보의 주력 제품인 '로보키즈'는 8세부터 성인까지 전 연령대의 사용이 가능한 피지컬 컴퓨팅 교육 교구[2]로, 로보틱스 이론의 기초 수립을 쉽게 도와주는 아이템이다. 5~7세 아이들을 위한 로보키즈는 블록을 통해 로봇을 만들고, 카드의 바코드를 사용해 움직이고 싶은 동작을 구현하면서 논리적 사고를 촉진시킬 수 있다.

전 세계적으로는 로봇 작동용 코딩 교육에 대한 니즈가 커 '코딩용 피지컬 로봇교육' 제품이 성공할 가능성이 크다.

---

2 김용준, 《China Marketing》, 박영사, 2016.

로보로보의 제품

로보키트(ROBO Kit)　　　　로보키즈(ROBO Kids)　　　　유아로(UARO)

자료: 로보로보

　한편 한국 기업들은 교육용 외에도 엔터테인먼트 로봇, 의료 로봇 등의 테마 로봇을 활용해 세계 최대 로봇 수요국인 중국으로의 진출을 모색할 수 있을 것이다.

　교육용 로봇의 시장 규모는 2017년까지 전 세계적으로 약 2조 7,000억 원 수준까지 성장할 것으로 예상돼 중국 시장을 발판으로 해 글로벌 시장 진출도 꾀할 수 있을 것이다. 특히 매년 다양한 교육 방식과 사물인터넷 제품이 증가함에 따라 이를 접목한 혁신적인 제품의 시장성도 매우 높다고 할 수 있다.

의료 산업, 인테리어, 문화 산업 합작에
주목하라

　서비스 산업 중 한류를 활용해야 하는 대표적 분야는 의료 산업이다. 대표적인 고부가가치 서비스 업종인 의료 산업은 여러 정치·경제적 이유로 외국 기업에 대한 진입장벽이 높은 편이지만 민간 의료기관을 육성하고자 하는 중국 정부의 정책에 따라 발전 가능성이 매우 큰 분야이기도 하다.

　하지만 한국의 의료기관들은 중국 내 진입장벽을 넘기도 전에 한국 내의 규제로 인해 진출에 어려움을 겪고 있다. 이에 따라 설사 진출했다 하더라도 많은 의료기관들이 중국 진출 시 한류를 활용하지 못하고 있다.

　그 대표적 사례로 2004년 한국과 중국의 합작 형태로 진출한 최초의 병원인 SK아이캉병원과 2005년 상하이에 설립된 예메디컬센

터가 있다. 이 두 병원은 한국 내의 의료규제로 인해 초기 대규모 자본 조달에 어려움을 겪었으며, 독자 진출 등의 실패 요인이 있었다. 이외에도 한류를 활용하지 않고, 차별화 없는 의료서비스를 제공해 중국 환자들을 모으는 데 한계를 겪었다.

두 병원은 중국 진출에 실패했지만 이들 병원을 인수한 중국 기업은 한국식 병원임을 강조해 지점을 확대하고 사업을 확장시켜 성공을 거뒀다.

최근 빠르게 성장하는 중국의 서비스업 가운데 한류를 활용해 공략할 수 있는 분야 중 하나가 인테리어 산업이다. 중국 정부의 도시화 정책에 따라 건설 경기가 활기를 띄고, 중국인의 소득수준과 주거환경에 대한 관심이 커지면서 중국의 인테리어 시장이 급속하게 성장하고 있다.

특히 한국과 달리 중국은 사람들이 아파트를 분양받은 후 자신이 직접 인테리어를 해야 하기 때문에 그 수요가 엄청나다. 이러한 이유로 중국의 인테리어 시장 규모는 2015년을 기준으로 약 720조 원에 달했다. 이는 한국의 인테리어 시장이 30조 원인 것과 비교해 보면 약 20배 차이가 나는 수치다. 가격은 물론 기술 경쟁력을 갖춘 중국의 인테리어 기업이 한국으로 진출하는 모습도 낯설지 않아 보인다.

다만 시장 규모가 크되 진입장벽이 높다. 유럽의 1위 건자재 유통

기업인 B&Q는 1999년 중국에 진출해서 한때 70~80개의 매장을 운영했지만 결국 중국 내 사업 부문을 매각했다. 홈인테리어 1위 기업 이케아는 1997년 중국에 진출한 후 고전한 바 있으며, 미국 1위 건자재 유통기업인 홈데포는 2010년 진출한 지 6년 만에 철수하고 말았다.

중국 인테리어 시장 진출이 성공하기 위해서는 소비자의 니즈를 정확히 파악해야 할 것이다. 현재 중국 인테리어 시장에서 유행하는 스타일을 보면 한국 소비자와 달리 선호 스타일이 매우 다양함을 알 수 있다. 특히 최근 인테리어 시장에서는 O2O 서비스 플랫폼이 활발하게 운영된다.

문화 산업에서도 한류를 활용한 사례가 있다. 바로 〈난타〉다.[3] 〈난타〉는 주방도구를 이용한 리듬과 비트 그리고 상황만으로 구성된 공연 작품이다.

제작사 PMC커뮤니티의 〈난타〉는 1997년에 첫 공연을 한 이래로 꾸준한 인기를 누리며 단순 공연 산업보다는 관광 산업으로 자리매김을 했다.

〈난타〉가 중국 진출을 고려하던 시기에 중국인의 소득수준이 향상되고, 중산층이 확대되면서 중국은 잠재적인 거대 문화 소비시장

---

3 김용준, 《China Marketing》, 박영사, 2016.

으로 탈바꿈했다. 문화 산업에 대한 정부 차원의 활발한 지원 아래 시장이 지속적으로 확대될 것으로 전망됐다.

특히 새로운 문화적 욕구를 가진 신세대층이 중국 내에서 형성됐고, 한국 내 중국 여행객의 〈난타〉 관람객 수가 증가한다는 점을 토대로 중국 시장 내에서 〈난타〉 공연의 시장 기회가 증가할 수 있음을 포착했다.

중국에 진출하기 위한 〈난타〉 사업 전략에 대한 TOWS분석 결과, 공연문화 콘텐츠에 대한 욕구 상승 및 한류 열풍의 증가라는 기회와 함께 현지 인력 및 인프라 부족, 고정된 공연 내용으로 인한 재구매율 한계라는 약점을 가진 OW 부분에 위치한 것으로 분석됐다.

TOWS분석은 시장에서 기업의 현재 위치와 이에 따른 사업 전략을 도출하는 방법으로, 각 기업의 핵심 역량과 외부 환경 등을 고려하여 위협Threats, 기회Opportunities, 약점Weakness, 강점Strengths으로 구분해 분석하는 기법이다.

OW에 위치했을 때 기업은 핵심 역량의 강화 전략 또는 전략적 제휴 중 대안을 선택할 수 있다. 이때 〈난타〉는 중국 문화에 현지화된 스토리텔링이라는 핵심 역량을 강화하는 전략과 중국 그랜드뷰 몰 그룹Grandview Mall Group과 합작하는 전략적 제휴 전략을 선택했다.

구체적으로는 중국인들의 감성을 자극할 수 있는 공연 소재 및 스토리텔링, 온라인 마케팅으로 핵심 역량을 강화하고, 한·중 합작 회사 설립을 통해 공연 및 문화 산업이 발달한 지역에 진출해 합작 회사 및 한류를 이용한 전략적 제휴 전략을 구사했다.

new **CHINA**
D R E A M

나가며

"한국의 정신을 바탕으로 서양의 기술을 통해
중국 내수시장 공략을 강화한다."

한체서중용이란 무엇인가?

지금까지 '新 차이나 드림'을 실현하기 위한 중국 내수시장 공략 방안에 관해 살펴봤다. 중국 소비시장의 중요성을 인식함과 함께 중국 시장이 한국 기업에 더 이상의 선택사항이 아니란 것을 재확인했다.

그동안 중국 시장에 진출했던 한국 기업의 전략들을 종합해 중국 내수시장 공략에는 덩샤오핑의 클러스터링 전략이 가장 적합하다는 사실도 알 수 있었다. 우리는 중국 내수시장에 도전하기 위해 '어디에', '누구를', '어떻게' 공략해야 할 것인가에 대해 살펴봤다.

우리가 도전해야 하는 중국 시장은 한반도의 44배에 달하는 전체 시장이 아니라 새롭게 부상하는 중국의 2·3선 신흥도시다. 특히, 중국의 중·서부지역은 중국의 '13·5규획13차 5개년 경제개발 계획: 2016~2020년' 기간 투자 주도로 중국 평균인 6.5%를 상회하는 8% 이상의 높은 성장을 추구하면서 각 성별로 특화된 경제권을 조성할 것으로 전망된다.

1.
중국 소비시장을
주목하라

4.
중국 자유여행객을
공략하라

7.
서비스기업은
합작하라

2.
덩샤오핑 전략을
활용하라

5.
스마트 플랫폼을
활용하라

8.
중국발 한상기업을
육성하라

3.
2·3선 도시로
진출하라

6.
비이럴 마케딩을
활용하라

9.
한류노믹스를
구축하라

그 가운데 후베이, 허난, 산시, 후난 등 6개 성을 포함하는 중부는 경제 발전이 상대적으로 뒤쳐진 내륙지역으로 대외개방도가 낮아 투자를 주요 기반으로 성장하고 있다. 도시화도 미흡해 '13·5규획' 기간에도 성장을 지탱할 투자 여력이 남아 있다는 게 전문가들의 분석이다.

중국 정부에서도 이들 지역에 대해 경제 활성화와 신규 일자리 창출 등을 위해 여러 가지 지원에 나선다. 이 때문에 이들 지역은 내륙에 위치하지만, 초기의 창업 활동을 지원하는 대중창업공간衆創空間 등 인프라에서 경쟁력을 갖췄다. 이들 지역의 창업 환경은 스타트업 지원 정책과 기술인큐베이팅센터, 대중창업공간 등에서 우수한 편으로 평가된다. 특히 자금 확보 면에서 베이징, 선전 등 대도시에 비해 경쟁이 덜 치열하기 때문에 상대적으로 유리할 수 있다.

2015년 11월 리커창李克强 중국 총리가 방한해 쓰촨성 청두에 한 중혁신산업단지의 조성을 우리 측에 제의한 바 있다. 그러나 양국이 공동으로 조성하는 산업단지가 성공하려면 양국 간 혁신 인재들에게 창업 공간을 제공하는 것뿐만 아니라 성공적인 창업 플랫폼 역할을 할 수 있도록 공동창업 교육 프로그램, 기업 멘토링, 투자기관과의 매칭 등이 동반돼야 할 것이다.

이 책에서는 중국 내 신흥시장으로 떠오르는 6개 도시를 선정해 14억 중국 소비자가 아닌 20~30대의 여성 소비자를 주요 소비자로 공략해야 한다는 결론을 얻었다. 특히, 이들 여성 소비자 공략을 위해서는 우선 중국 자유여행객에 대한 조사가 필요할 것이다.

진출 지역과 공략 대상을 선정한 뒤, 우리는 총 5개의 공략 방안에 대해 살펴봤다. 중국 전자상거래 시장의 발전에 따른 스마트 플랫폼 공략과 유망 품목, 바이럴 마케팅의 활용 방안, 서비스 기업이 합작해야 하는 이유, 중국발 한상기업 육성의 필요성과 사례, 그리고 마지막으로 한류 활용 방안에 관해 살펴봤다.

중국 내수시장을 공략하기 위한 전략을 한 단어로 표현한다면 바로 '한체서중용韓體西中用'이라 할 수 있다.

한체서중용이란 한국의 정신을 바탕으로 서양의 기술을 통해 중국의 소비 서비스시장에 진출하기 위해 우리가 새롭게 제시하는 모델이다. 여기서 한국의 정신은 한국적인 스타일 및 문화와는 다른 개념으로 이해돼야 한다.

한국의 정신은 홍익인간과 선비정신으로 대표된다. '널리 인간을 이롭게 한다'는 홍익인간의 이념은 현대사회에서 혁신적인 아이디어와 문화 융합의 능력으로 무장한 글로벌 리더의 의미로 재해석할 수 있을 것이다. 시대적인 사명감과 흔들림 없는 신념으로 대변되는 선비정신 역시 아날로그가 아닌 디지털화된 지식을 기반으로 한 창의적 인재의 의미로 재조명될 수 있다. 청렴한 자세로 자기관리를 중요시한 선비정신과 홍익인간 정신은 다시 한국적인 정체성으로 나타나고, 이 정체성은 바로 한국의 전통과 가치에 대한 인식과 자부심으로 표출된다.

급변하는 중국 소비시장과 다양한 중국 소비자의 니즈를 충족시키기 위해서는 한국의 정신인 홍익인간과 선비정신의 현대적 의의를 되새기고 한국적인 정체성을 바탕으로 서양의 기술을 활용해 중국 내수시장에 진출하자는 '한체서중용'의 모델을 통해야만 新 차이나 드림을 실현할 수 있을 것이다.

마지막으로 중국 진출의 모든 과정은 사람에 의해 계획되고 진행되는 만큼 중국 소비시장과 서비스시장을 공략할 수 있는 인재 양성이 필요하다. 중국 시장의 중요성을 생각해 중국에 특화된 비즈니스 전문가를 양성해야 할 것이다.

특히 중·서부지역에 진출한 기업들은 관리자 인력과 마케팅, 법률 등 전문 분야의 고급 인력이 부족하다고 토로한다. 이는 진출한 기업 대부분이 공장 혹은 지사 형태로 진출했고, 지역본부 등의 역할을 하는 기업이 부족하기 때문이다. 이 지역의 우수한 인력들은 경력 계발을 이유로 타지로 나가 돌아오지 않는 경우가 많다. 또한 생산 인력들의 이직이 잦고, 농촌을 도시화하는 과정에서 숙련된 노동력보다는 교육수준이 낮은 단순 생산 인력이 유입된다.

이에 따라 해당 지역의 대학과 연계해 중·장기적으로 기업이 필요한 전문 인력을 육성하거나 한국 유학생을 활용하는 방안도 고려할 수 있다.

이와 함께 한국의 많은 인재들이 중국으로 진출해 활약할 수 있도록 정부 규제를 완화하고 보이지 않는 비관세 장벽 완화에 주력해야 한다. 한국의 서비스 기업이 중국에 진출하는 가장 큰 어려움은

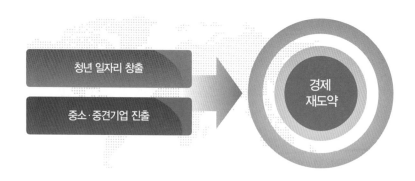

바로 한국 내 규제이기 때문이다.

　서비스업에서 아직 우위에 있는 한국이 중국에 진출할 수 있는 기회는 시진핑 정권하의 5년뿐이다. 5년 후에는 중국 정부의 정책기조 변화와 급성장하는 중국 서비스 기업의 추월로 우리 기업의 설 자리는 줄어들 것이다. 수요와 공급이 자연스럽게 만나 시장이 형성될 수 있도록 정부의 규제 완화가 필요하다.

　'新 차이나 드림, 중국 내수시장을 뚫어라.'

　한국이 경제 침체를 벗어나기 위해 중소·중견기업이 중국의 소비재 및 서비스시장에 진출하는 것이 한국 경제의 새로운 패러다임을 만들 수 있는 게이트웨이Gateway라 생각한다. 이에 한국의 젊은이들이 '新 차이나 드림'에 도전하기를 기원하는 바다.

중국 내수시장 공략을 위한 액션플랜!

新 차이나 드림

초판 1쇄 2016년 9월 30일

지은이 김용준 · 노은영 · 서정희 · 이규창
펴낸이 전호림 **편집3팀장** 고원상 **담당PD** 강현호 **펴낸곳** 매경출판㈜
등 록 2003년 4월 24일(No. 2 - 3759)
주 소 우)04557 서울특별시 중구 충무로 2(필동1가) 매일경제 별관 2층 매경출판㈜
홈페이지 www.mkbook.co.kr
전 화 02)2000 - 2610(기획편집) 02)2000 - 2636(마케팅) 02)2000 - 2606(구입 문의)
팩 스 02)2000 - 2609 **이메일** publish@mk.co.kr
인쇄 · 제본 ㈜M - print 031)8071 - 0961

ISBN 979-11-5542-554-1 (03320)
값 13,000원